Bernd Imgrund

1000 VERRÜCKTE
TISCHTENNIS-TATSACHEN

Bibliografische Information der Deutschen Nationalbibliothek:
Die Deutsche Nationalbibliothek verzeichnet diese Publikation
in der Deutschen Nationalbibliografie; detaillierte bibliografische
Daten sind im Internet über http://dnb.d-nb.de abrufbar.

6., durchgesehene Auflage 2024
Copyright © 2012 Verlag Die Werkstatt GmbH
Siekerwall 21, D-33602 Bielefeld
www.werkstatt-verlag.de
Alle Rechte vorbehalten
Umschlaggestaltung: Barbara Thoben | www.LNT-Design.de
Layout und Satz: Barbara Thoben
Druck und Bindung: CPI, Leck

ISBN 978-3-89533-868-7

Bernd Imgrund

1000 VERRÜCKTE TISCHTENNIS-TATSACHEN

Verlag Die Werkstatt

VORWORT

Wussten Sie schon, dass sich die Einführung des Noppengummis den Kopfschmerzen eines Engländers verdankt? Dass man Tischtennis früher auch Gossima, Whiff Waff und Flim Flam nannte? Und kennen Sie die Frau, die als Vize-Weltmeisterin von Penholder zu Shakehand wechselte, um dann prompt Gold zu holen?

Das sind die Fragen, die in diesem Buch beantwortet werden. Und noch viele mehr: Welche deutsche Ping-Pong-Queen nannte man zeitlebens Mücke, und wann wurden ihr hochhackige Pumps beinahe zum Verhängnis? Warum fiel Jan-Ove Waldner vom Hocker und Victor Barna vom Motorrad? Um welche Varianten handelt es sich beim Hardbat, beim Large Ball und beim Racketlon, und woraus besteht der TiBiDa-Triathlon?

Tischtennis ist eine der schönsten Nebensachen der Welt und existiert mittlerweile rund 150 Jahre. Zeit genug also, um einen Haufen schräger Anekdoten und verrückter Rekorde anzusammeln. So dauerte etwa der längste fehlerlose Ballwechsel genau 8 Stunden, 34 Minuten und 29 Sekunden, während der schnellste aller Zeiten von zwei Frauen gespielt wurde: 173-mal schickten Jackie Bellinger und Lisa Lomas den Ball binnen einer Minute hin und her.

Aber auch jenseits der Platte schrieb der Tischtennissport Geschichte. Tom Hanks gewann als TT-spielender Forrest Gump einen Oscar. Aber spielt er wirklich so spektakulär gut wie seine Figur? Wann war TT so politisch, dass Spieler lieber kampflos abschenkten, als mit den Kontrahenten bestimmter Nationen an die Platte zu treten? Und in welchem Verhältnis steht die berühmte »Ping-Pong-Diplomatie« zwischen China und den USA zu den Seidenpyjamas von Präsident Nixons Frau Pat?

Viele Leser dieses Buches werden nächsten Samstag wieder irgendwo in Deutschland mit dem Schläger in der Hand in einer Turnhalle stehen. Gut so, denn selbst zu spielen ist noch immer das Beste. Für all jene jedoch, die noch mehr über ihr liebstes Hobby erfahren wollen, gibt es nun dieses Buch: 1.000 verrückte Tischtennis-Tatsachen.

Das Runde muss aufs Eckige!

Tafeltennis – Niederländisch
Table tennis – Englisch
Tennis de table – Französisch
Tennis da tavolo – Italienisch
Tênis de mesa – Portugiesisch
Tenis de mesa – Spanisch
Tennis de taula – Katalanisch
Bordtennis – Dänisch, Norwegisch, Schwedisch   *Stolni tenis* – Kroatisch
Pöytätennis – Finnisch   *Stolní tenis* – Tschechisch
πινγκ πονγκ – Griechisch   Настольный теннис – Russisch
Asztalitennisz – Ungarisch   *Masatenisi* – Türkisch
Tenis stołowy – Polnisch   *Môn bóng bàn* – Vietnamesisch
乒乓球 – Chinesisch
卓球 – Japanisch
탁구 – Koreanisch
เทเบิลเทนนิส กรเล่นปิงปอง – Thailändisch
كرة الطاولة – Arabisch

In den meisten Sprachen können Sie es sich aber auch viel
leichter machen. Sagen Sie einfach:

Ping-Pong!

Nach der Einführung des Zelluloidballs ab 1891 setzte sich peu à peu der laut-
malerische Begriff Ping-Pong für den neuen Sport durch. Andere Hersteller von
TT-Accessoires versuchten eigene Namen in die Welt zu setzen, unter anderem
Gossima, Whiff Waff und Flim Flam. Nachdem sich ein englischer Geschäfts-
mann den Ausdruck »Ping-Pong« hatte patentieren lassen, wurde schließlich
auch »Table Tennis« immer populärer.

»Der Boden ist zu glatt.«

»Der Boden ist zu stumpf.«

»Das Licht blendet.«

»Hier ist es zu dunkel.«

»Der Ball war nass.«

»Mir war die ganze Zeit kalt.«

»Ich hab schon vorm Einspielen geschwitzt wie 'n Affe.«

»Der Typ hatte in jedem Satz mindestens elf Nasse.«

»Die haben echt bei jedem Fehlaufschlag von mir geklatscht, die Penner.«

»Der war Materialspieler, da hatte ich schon keinen Bock mehr.«

»Lange Noppen tue ich mir echt nicht mehr an.«

»Der hat beim Aufschlag gestampft und beim Topspin gestöhnt.«

»Die Aufschläge von dem waren alle falsch. ALLE!«

»Den Schläger habe ich mir erst vor drei Wochen gekauft.«

»Ich hatte totale Bauchschmerzen von dem Chili mittags.«

»Ich war verkatert.«

GLÜCKSTREFFER

Kantenbälle sind noch unerreichbarer als Netzbälle. Da wird natürlich auch gern gejammert, aber sie ausschließlich dem Glück des Gegners zuzuschreiben, wäre falsch. Denn wer mehr riskiert, wer den Gegner stärker unter Druck setzen will, der spielt ihn möglichst weit außen an. Und damit erhöht sich natürlich auch die Wahrscheinlichkeit eines Kantenballs.
Was man beim Klagen über diese »Glückstreffer« jedoch gerne vergisst: Genauso oft, wie der Ball die Kante streift, geht er eben auch knapp daneben.

TRUKSA, DER TRICKSER

JAROMIR TRUKSA, der einstige slowakische Nationalspieler, beschrieb den wichtigsten Kantenball seiner Karriere folgendermaßen: »Wir spielten gegen Rumänien um den Klassenerhalt, und ich hatte Aufschlag und Matchball im letzten Einzel. Da habe ich mich ans Training erinnert. Bei langen parallelen Aufschlägen konnte ich einen Ball auf der Tischecke mindestens acht von zehn Mal treffen, drei Aufschläge von den zehn kamen auf die Kante. Warum nicht auch jetzt? Gedacht, getan: Aufschlag, Kante, Punkt, Klassenerhalt.«

1968 führte MARTIN SKLORZ, der damalige Bundeslehrwart des DTTB, an der TU Braunschweig eine sportwissenschaftliche Untersuchung zu Tischtennisbällen durch. Das Ergebnis: Die Bälle sollten am besten gelb sein, weil der Spieler sie so besser wahrnehme. Ab 1971 produzierte daraufhin die Firma Hanno u. a. farbige Bälle. Heutzutage erlaubt sind jedoch lediglich weiße und mattorangefarbene Spielbälle. Die gelbe Variante wurde 1997 für Wettkämpfe verboten.

• WEICH-EI •

Die ersten Versuche, gelbe Bälle herzustellen, stammen aus dem Jahr 1969. Erfolgreich waren sie jedoch zunächst nicht: Der dem Zelluloid beigemischte Farbstoff veränderte die Konsistenz der Kugeln. Sie wurden zu Weich-Eiern.

Kaugummibildchen, USA, 1980er Jahre

Die 1908 geborene Ungarin **ANNA SIPOS** war bei den Weltmeisterschaften
1929 bis 1931 jeweils nur Zweite oder Dritte geworden.
1932 jedoch gewann sie erstmals gegen ihre ewige Konkurrentin
Maria Mednyánszky, die zuvor fünf Mal in Folge gesiegt hatte.
Sipos wiederholte diesen Erfolg auch im Jahr darauf.
Wie sie es schaffte, plötzlich auf die Siegerstraße zu kommen,
mutet von heute aus betrachtet beinahe unglaublich an.
Bis 1932 nämlich hatte Sipos **PENHOLDER** gespielt.
In jenem Jahr jedoch wechselte sie zur **SHAKEHAND-HALTUNG**.
Als Anna Sipos 1988 starb, standen bei ihr 21 WM-Medaillen
zu Buche, elf davon waren goldene.

Bierdeckel, DDR,
1980er Jahre

————————• **KOPFSCHMERZEN UND NOPPENGUMMI** •————————

Bis 1902 beklebte man den Holzschläger mit allem Möglichen: Neben Kork
und Schleifpapier war auch Wildschweingewebe sehr beliebt. Die Erfindung
des Noppengummis in jenem Jahr verdankt sich, wie so viele Neuerungen, einem Zufall.
Der Engländer **E.C. GOODE** verspürte vor einem Turnier Kopfschmerzen und
ging deshalb in eine Apotheke. Dort, so will es die Legende, lag eine Gummi-
matte auf dem Tresen. Als es ans Bezahlen ging, bemerkte Goode, dass seine
Münzen von jener Matte zurücksprangen. Also kaufte er neben den Tabletten
auch die Matte, schnitt sie sich zurecht und bespannte seinen Schläger damit.
Obwohl er nie als großer Spieler galt, gewann Goode das Turnier.

• TRAINER IN STUFEN •

KINDER-TRAINERLIZENZ – FIT FOR KIDS
Lizenz schon für unter 18-Jährige.
Hier geht es vor allem um kindgerechte
Anfänger-Übungen.

....

D-TRAINERLIZENZ
Richtet sich vor allem an Anfänger und jüngere Absolventen.
Hier werden schon richtige Trainingseinheiten vermittelt.

....

C-TRAINERLIZENZ
Erste Stufe für den Trainerschein. Qualifiziert zur Betreuung
aller Altersstufen im Sportverein.

....

B-TRAINERLIZENZ
Zweite Stufe. Baut auf dem C-Kurs auf, befähigt bereits zur
Ausbildung von Leistungssport-Gruppen.

....

A-TRAINERLIZENZ
Oberste Ausbildungsstufe des DTTB.
Berechtigt zur Arbeit als
Trainer im Hochleistungs- und Profisport.

• ENGLISH TWINS •

Das Damen-Doppel der WM von 1951 gewann eine ganz einzigartige Paarung. Mit ROSALIND und DIANE ROWE (die spätere Frau Schöler) holten damals nämlich Zwillinge den Titel nach England. Im Endspiel besiegten die Sisters dabei die Rumäninnen Sari Szasz-Kolosvary und Angelica Adelstein-Rozeanu. Diese wiederum holte den Titel im Einzel und wiederholte diesen Erfolg fünf Mal hintereinander.

• GERMAN TWINS •

Eine Nummer kleiner als in England, aber immerhin: Im Jahr 1993 gewannen die Zwillinge MELANIE und YVONNE WENZEL aus Hachmüh- len den deutschen Doppel-Titel bei den Schülerinnen. Im selben Jahr holten die beiden zudem Silber bei der Jugend-EM in Ljubljana.

||||||||||||||||||||||| Gizella Farkas |||||||||||||||||||||||||
(1925–1996)

hatte bereits zwei Mal den WM-Titel im Damen-Einzel gewonnen,
als sie 1949 nach Schweden fuhr. Auch hier gewann sie den Wettbewerb,
konnte sich aber nicht lange darüber freuen. Nach dem Endspiel
nämlich wurde sie festgenommen und des Diebstahls beschuldigt. Farkas,
immerhin Beamtin im ungarischen Unterrichtsministerium, nahm an
keinem Wettbewerb mehr teil und wurde nach Hause beordert.
Später übersiedelte sie nach Wien, und der Vorfall – so er denn einer
war – wurde vergessen. 1995, ein Jahr vor ihrem Tod, wurde »Gizi« in
die Hall of Fame der ITTF aufgenommen.

• KLEIN-TIMO IN DER BL •

Timo Boll absolvierte seine erste Bundesliga-Saison
1995/96 für TV Müller Gönnern.
Er war erst 14 Jahre alt.

Hier einige seiner Matches gegen bekannte Kontrahenten:

Saive, Philippe – Boll, Timo .... 2:0 .... 21:14, 21:18
Franzel, Christian – Boll, Timo .... 1:2 .... 21:17, 17:21, 20:22
Prean, Carl – Boll, Timo .... 0:2 .... 22:24, 11:21
Dreher, Christian – Boll, Timo .... 2:0 .... 21:15, 21:17
Boll, Timo – Mazunov, Dmitrij .... 0:2 .... 17:21, 16:21
Wosik, Torben – Boll, Timo .... 2:0 .... 21:9, 23:21
Broda, Miroslav – Boll, Timo .... 2:0 .... 22:20, 21:12
Boll, Timo – Prause, Richard .... 1:2 .... 21:18, 19:21, 12:21

Boll, Timo – Saive, Philippe .... 0:2 .... 18:21, 15:21
Boll, Timo – Prean, Carl .... 0:2 .... 11:21, 16:21
Mazunov, Dmitrij – Boll, Timo .... 2:0 .... 21:18, 21:14
Boll, Timo – Appelgren, Mikael .... 1:2 .... 25:23, 16:21, 18:21
Boll, Timo – Wosik, Torben .... 0:2 .... 12:21, 16:21
Boll, Timo – Broda, Vladislav .... 2:1 .... 17:21, 21:13, 24:22

Über die komplette Saison
spielte Boll eine Bilanz von
10:14.

DER KREIDE-KAMPF

Der japanische Spieler Iᴄʜɪʀᴏ Oɢɪᴍᴜʀᴀ weigerte sich 1959 bei der WM in Dortmund plötzlich weiterzuspielen. Warum? – Weil man ihn verdächtigte, den Tisch während eines Ballwechsels absichtlich verschoben zu haben. Der Disput wollte nicht aufhören, und so schritt man zu einer recht ungewöhnlichen, aber effektiven Maßnahme: Alle Beine der Tischtennis-Platte wurden mit Kreide umzeichnet, so dass jedes weitere Verschieben sofort zu erkennen gewesen wäre. Der streitbare Ogimura wurde zu einem der Stars dieser WM. Er siegte mit der Mannschaft, im Herren-Doppel und im Mixed-Wettbewerb.

RABIATES MITTEL

..................Bei der WM in Pjöngjang 1979 ärgerte sich eine nordkoreanische Spielerin so maßlos über eine angebliche Fehlentscheidung, dass sie zu einem rabiaten Mittel griff. Sie stürzte zum Tisch des Schiedsrichters und riss die Zählkarte aus, um sie danach nicht wieder herzugeben. Dies jedenfalls berichtete später der ITTF-Präsident Adham Sharara. Wie die Sache ausging, ist leider nicht bekannt. ....

Namensschild des Schiedsrichter-vergleichskampf 2005

ROTE KARTE FÜR DEN TRAINER

Auch 2003 in Paris kam es zu einem unerfreulichen Zwischenfall. Beim Stand von 6:5 im 7. Satz bekam das koreanische Doppel Kim Taek Soo/Oh Sang Eun einen Punkt zugesprochen, den die Hongkong-Chinesen Cheung Yuk/Leung Chu Yun nicht akzeptieren wollten. Die Sache lief dermaßen aus dem Ruder, dass der überambitionierte chinesische Trainer die rote Karte sah und sein Doppel disqualifiziert wurde. Auch einen nachträglichen Protest schmetterte die ITTF ab.

Beim Endspiel im Mannschaftswettbewerb der WM 1989 standen sich Jan-Ove Waldner und der zweifache Weltmeister Jiang Jialiang gegenüber. Weil er den Ball beim Aufschlag unter Tischhöhe hielt, bekam der Chinese einen Punkt abgezogen. Als der Schiedsrichter ihn zum zweiten Mal bestrafte, wurde Jiang sauer. 16 Minuten war das Spiel unterbrochen, der Chinese verlangte nach einem neuen Schiri und bekam ihn. Waldner, dem inzwischen langweilig geworden war, kommentierte die Show auf seine Art: »Gib ihm doch den Punkt, ich schlage ihn sowieso.«
Was er auch tat. Schweden gewann dieses Finale souverän mit 5:0.

Spielzeug,
1970er Jahre

---• **KAMPFLOS MEISTER** •---

Bei den US-Meisterschaften des Jahres 2009 kam es zu einem Skandal, als sämtliche Viertelfinalisten geschlossen die Halle verließen. Ihre Forderung: höhere Preisgelder, sonst wollte man das Turnier nicht fortsetzen. Nur der 15-jahrige Nachwuchsspieler Michael Landers hatte sich dem Boykott nicht angeschlossen. Er wurde kampflos US-amerikanischer Meister.

---• **AUFGEHÄNGT, ERSÄUFT, GEVIERTEILT** •---

1936, WM in Prag:
Der tschechische Spieler Bohumil Vana steht am
Rande einer Niederlage, sein Gegner Zdarski
hat Matchball. In diesem Moment schreitet ein
einheimischer Offizieller ein und provoziert Zdarski
so intensiv, dass er das Spiel noch verliert.
So skandalös der Vorgang, so eigenwillig auch die
Reaktion des damaligen ITTF-Vorsitzenden
Ivor Montagu:
»DAS WAR EIN ABSOLUTER AUSREISSER,
DER VERANTWORTLICHE SOLLTE
AUFGEHÄNGT, ERSÄUFT
UND
GEVIERTEILT WERDEN.«

WO BITTE GEHT ES NACH »PING-PONG«?

? Zwei Jahre später verirrte sich jener Bohumil Vana mit dem Bus auf dem Weg von seiner Unterkunft zur Tischtennis-Halle in Wembley. Weil er kein Englisch konnte, sprach er die Menschen lediglich mit dem verzweifelten Ausruf »Ping-Pong?« an. Und schließlich stieß er auf jemanden, der ihn nicht für verrückt hielt, sondern verstand und zur Halle brachte. Besonders belastet hatte ihn der Vorfall allerdings nicht. Vana wurde Weltmeister.

MARATHON-MATCHES: HAGUENAUER GEGEN GOLDBERGER ANNO 1936

Während der WM von 1936 hatten **Michel Haguenauer** (Frankreich) und **Marian Goldberger** (Rumänien) jeweils zwei Sätze gewonnen. Spieldauer bis zu jenem Zeitpunkt: über sieben Stunden. Die Zuschauer äußerten ihren Unmut, und die Turnierleitung entschied: Der letzte Durchgang darf nicht länger als 15 Minuten dauern. Da stand es aber erst 5:3 für Goldberger, und so einigten sich die Spieler auf eine Entscheidung per Münzwurf. Der Rumäne gewann diesen, war danach aber so entkräftet, dass er im nächsten Spiel ausschied.

BRILLENSCHLANGEN

Zwischen 1930 und 1950 war der Tischtennissport in der Sowjetunion verboten. Warum? Weil er, so sahen es die kommunistischen Herrscher, eine Gefahr für die Augen darstelle. Da sieht man mal wieder, welch ein Unsinn dabei herauskommt, wenn die Regierenden zu schnell mit Verboten wedeln. Der Erlass, beim TT fortan Schutzbrillen zu tragen, hätte es schließlich auch getan!

DIE TV-PREMIERE

Die erste deutsche TV-Übertragung eines Tischtennisspiels stammt aus dem Jahr 1954, also aus der Ära des Schwarz-Weiß-Fernsehens. Beim Südwestfunk wurde der Länderkampf Deutschland – Schweiz übertragen, der in Baden-Baden stattfand. Die Deutschen gewannen 5:1.

DIE GRÖSSTEN SPIELER ALLER ZEITEN: GUO YUEHUA

Vier Mal trat der 1956 geborene Chinese GUO YUEHUA bei Weltmeisterschaften an, und vier Mal gelangte er ins Endspiel. Nachdem er 1977 dem Japaner Mitsuru Kohno unterlegen war, hielt ihn zwei Jahre darauf ein Muskelfaserriss vom Triumph ab. 1981 und 1983 jedoch holte sich der konsequente Topspin-Spieler das ersehnte WM-Gold, das er in jenem letztgenannten Jahr zugleich im Mixed und mit der Mannschaft errang.

Sohn eines Lehrers, studierte Guo nach seinem Abschied vom Leistungssport 1983 Pädagogik. Zwischen 1987 und 1993 ließ er sich dann jedoch von der Deutschen Bundesliga reaktivieren und trat für den SSV Reutlingen und später für Hertha BSC an die Platte.

173 : 170, UND DAS ALLES IN 60 SEKUNDEN

Am 28. Februar 1986 stellten die beiden Briten Desmond Douglas und Allan Cooke einen Weltrekord auf, der für die Ewigkeit gemacht schien. Während der Internationalen Britischen Meisterschaften in Newcastle brachten sie es innerhalb einer Minute auf <u>170 Ballwechsel</u>. Das sind fast drei Ballwechsel pro Sekunde, eine geradezu unglaubliche Leistung.

Noch übertroffen wurde sie jedoch am 7. Februar 1993, und zwar wiederum in England. Die beiden Damen Jackie Bellinger und Lisa Lomas trieben die Kugel im gleichen Zeitrahmen noch drei Mal häufiger übers Netz. Ihr Rekord von <u>173 Ballwechseln</u> in 60 Sekunden ist bis heute unerreicht.

BÄLLESCHLUCKEN BEI »DALLI DALLI«

Die Rateshow Dalli Dalli war ein Straßenfeger der 1970er Jahre. Zwischen 1971 und 1987 wurden insgesamt 153 Folgen ausgestrahlt. Legendär war der Sprung des Moderators Hans Rosenthal, den er regelmäßig mit dem Satz »Das war ... spitze!« verband. Am 23. Juli 2011 nun versuchte sich Kai Pflaume an einer Neuauflage der Show. Das Rateteam Heiner Lauterbach und Uwe Ochsenknecht, bekannt durch den Film »Männer«, hatte dabei mit Tischtennisbällen zu kämpfen. Die schwebten in einem Luftstrom, und Lauterbach sollte sie mit dem Mund fangen und – ebenfalls mit dem Mund – an Ochsenknecht weitergeben. Lauterbach stellte sich bei dem Spiel jedoch so ungeschickt an, dass der Moderator in einen minutenlangen Lachanfall ausbrach.

In der Sendung vom 19. März 2005 wettete Dr. Thilo Tübner, er könne in zwei Minuten 100 Bälle gegen eine Wand spucken und mit dem Mund wieder auffangen.

Ursprünglich hatte er die Spielerei erfunden, als sein kleiner Sohn sich wehgetan hatte. Das Ablenkmanöver gegen den Schmerz war so erfolgreich, dass auch der ältere Sohn in den Wettbewerb einstieg. Seine Frau hingegen, so erzählte Tübner später, sei anfangs gar nicht begeistert gewesen, als er mit seinem Stunt zu »Wetten, dass..?« wollte. Immerhin arbeitet der Mann tagsüber als seriöser Mediziner. Aber Thilo blieb stur. Ziemlich konstant seine Zwischenzeiten: Nach 30 Sekunden 28 Bälle, nach 60 58. Nach anderthalb Minuten hatte er 90 ausgespien und eingefangen, und bereits zehn Sekunden vor dem Limit war das Spiel gewonnen. Damit begeisterte der Doktor nicht nur seine Wettpatin Cate Blanchett, sondern auch das Publikum. Der Tischtennisbälle-Spucker wurde Wettkönig.

Jubiläumswimpel

AUSSENHANDEL BERLIN

Die Hoch-Zeit des DDR-DAMEN-TISCHTENNIS wird gekrönt, als die BSG Außenhandel Berlin 1968 den Europapokal der Landesmeister holt. Die Aufstellung damals: Doris Hovestädt, Gabriele Geißler und Marina Nylhof. Im Folgejahr verteidigt der Klub seinen Titel sogar.

Die Sportwelt der DDR war geprägt von Vereinen, die man nach Industrie-
betrieben benannt hatte. Das war auch im Tischtennis nicht anders, wie die
folgende Aufstellung von einigen ehemaligen DDR-Herrenmeistern beweist:

CARL ZEISS JENA | 1949, 1968, 1969
BSG MOTOR JENA | 1951–1954, 1958, 1959
SC MOTOR JENA | 1955, 1958, 1959
SC MOTOR BERLIN | 1956, 1957
SC LOKOMOTIVE LEIPZIG | 1960–1962, 1966, 1967
BSG AUSSENHANDEL BERLIN | 1970–1975, 1977–1982
BSG STAHL FINOW | 1976, 1983, 1984, 1987–1989
BSG ELEKTRONIK GORNSDORF | 1985, 1986, 1990

Poetisch benamte Teams wie ROTATION BERLIN, CHEMIE SCHÖNEBECK oder
TRAKTOR UHYST brachten es hingegen lediglich auf zweite Plätze bei den Damen.

———————• **DIE GRIFF-FORMEN DER HÖLZER** •———————

Die Griffe europäischer Hölzer kommen in vier verschiedenen Hauptformen daher: *gerade, konkav, anatomisch* und *konisch*.
Konische und konkave Hölzer haben vor allem den Vorteil,
dass der Schläger auch bei harten Schlägen und in Verbindung
mit Schweißentwicklung weniger zum Verrutschen neigt.
Anatomische Griffe gibt es in verschiedenen Ausführungen, sie
sollen sich, wie der Name schon sagt, in besonderem Maße der
Handinnenfläche anpassen. Zum Griffende hin schwingen sie
zumeist konkav aus. Dennoch sind gerade Griffe bis heute die
weltweit beliebtesten.

Ebenfalls fast immer gerade sind die Griffe von Penholder-Schlä-
gern. Zumeist weisen sie auf der Vorhandseite einen Höcker auf,
um den sich Daumen und Zeigefinger des Spielers legen.

EIN AUFSCHLAG ALS ERRUNGENSCHAFT DES JAHRES

Im Jahr 2008 widmete sich das renommierte New Yorker »Time Magazine« dem Tischtennissport. Und zwar auf höchst ungewöhnliche Art, indem es den Rückhandaufschlag des deutschen Nationalspielers Dimitrij Ovtcharov zu einer der 50 Errungenschaften des Jahres erklärte.

Und da ist tatsächlich etwas dran. Jahrelang dominierte der von der Rückhandseite aus gespielte Vorhandseitschnitt-Aufschlag die Szene, bis hin zur totalen Monotonie der Service-Situation. Ovtcharov hingegen positioniert sich häufig in der Mitte des Tisches und taucht beinahe unter die Kante, um sodann zu seinem unorthodoxen Rückhandaufschlag anzusetzen.

Auf die ungewöhnliche Ehrung angesprochen, erklärte der gebürtige Ukrainer, er habe diese Bewegung bereits als Siebenjähriger ausgeführt. Danach sei er zwar gewachsen, habe den Aufschlag aber genau so beibehalten, weil er damit stets erfolgreich geblieben sei.

WARTEFRISTEN BEI VERBANDSWECHSEL

Als es der ITTF in den 1980ern
zu bunt wurde mit den Einbürgerungen, beschloss sie Folgendes:
Wer bereits für sein Herkunftsland aktiv war und den Verband wechseln möchte, muss bis zum ersten internationalen Einsatz sechs Jahre warten.

1994 folgte eine abschwächende Ergänzung:
Wer vor dem Verbandswechsel noch nicht auf internationalem Parkett gespielt hatte, setzt nur drei Jahre aus. Allerdings nur unter der Bedingung, dass er im neuen Land tatsächlich lebt.

Und seit 2008 gilt diese verschärfte Version:
Der neue Verband muss den wechselwilligen Aktiven zunächst bei der ITTF registrieren lassen. Jugendliche unter 15 Jahren warten dann drei Jahre, 15- bis 17-Jährige fünf und 18- bis 20-Jährige sieben Jahre. Ältere Spieler dürfen den Verband nicht wechseln.

WUSSTEN SIE SCHON, ...

 ... dass der Ball bei einem maximal angeschnittenen Topspin rund 170-mal pro Sekunde rotiert?
Das sind etwa 10.000 Umdrehungen pro Minute, mit anderen Worten: Mit dem bloßen Auge ist da nichts mehr zu erkennen.

Ähnlich geheimnisvoll ist, was beim Topspin physikalisch passiert. Ein Fachbuch erklärt es folgendermaßen: »Die Strömung der Luft um einen vorwärts rotierenden Ball ist von der Drallgeschwindigkeit abhängig. Der Drall bewirkt auf den Ball eine Kraft senkrecht zur Bewegungsrichtung. Diese Kraft unterstützt die Anziehungskraft der Erde. Die Bahn ist stärker gekrümmt als die Bahn des Balls ohne Drall. Deshalb ist der Einfallwinkel beim Auftreffen auch besonders steil.«

Und deshalb ist der Ausfallwinkel besonders flach, und deshalb wundern sich Laien, warum das Bällchen dann beim Auftreffen auf den Schläger scheinbar wie von Zauberhand weit nach oben wegspringt.

Trifft ein Topspin auf die gegnerische Hälfte,
springt er recht flach ab:

Die Wirkung auf den gegnerischen Schläger ist hingegen genau umgekehrt:
Der Ball springt steil nach oben weg:

———• **DIE DREI ARTEN DES TOPSPINS** •———

a) ANGRIFFS-TOPSPIN
Der Schläger streift den Ball beinahe senkrecht. Die Technik wird z. B. beim Angriff eines Aufschlags angewendet, birgt jedoch das Risiko eines

b) GEGEN-TOPSPINS
Der Schläger streift den Ball mit relativ geringer Aufwärts- und dynamischer Vorwärtsbewegung. Der Return eines gegnerischen Topspins kehrt die Drallrichtung um und entwickelt dabei enorme Geschwindigkeiten. Wechselt einer der Spieler in die Ballonabwehr, kommt es zum

c) SCHUSS-TOPSPIN
Hierbei wird der Ball beinahe waagerecht tangiert und am höchsten Punkt (oder sogar noch davor) getroffen.

Schlüsselanhänger zur
TT-WM Yokohama 2009

DIE BESTEN DEUTSCHEN: AGNES SIMON

Wegen ihrer Zierlichkeit bei geringer Körpergröße trug AGNES SIMON (1935 – 2020) zeitlebens einen Spitznamen: Sie nannten sie »Mücke«.

Die Karriere der äußerst sympathischen Sportlerin wurde ganz entscheidend geprägt durch den Aufstand 1956 in Ungarn und dessen Niederschlagung mithilfe sowjetischer Panzer. Ein Jahr später nämlich nutzte sie die Tischtennis-WM in Stockholm, um sich in den Westen abzusetzen. Zuvor hatte sie noch zusammen mit ihrer Teamkollegin Lívia Mossóczy die Goldmedaille im Doppel gewonnen.

Simon ließ sich zunächst in Holland nieder. 1962 jedoch trat sie erstmals für Deutschland bei einer EM an und holte auf Anhieb den Titel im Einzel und mit der Mannschaft. Letzteren gewann sie 1968 noch ein zweites Mal. Außerdem errang sie insgesamt elf Deutsche Meistertitel und bestritt zwischen 1962 und 1976 93 Länderspiele für den DTTB. »Agi«, wie man sie auch ruft, spielte bis in die 1990er in der Bundesliga und mischte noch als 72-Jährige in der Regionalliga mit. Ab der Saison 2009/10 trat sie für die Herrenmannschaft der DJK Rheinland Ruhrort/Meiderich in der 2. Kreisklasse an.

Als Flugball gilt es heutzutage, wenn ein Spieler den Ball mit dem Schläger annimmt, bevor er das eigene Spielfeld berührt hat. Unter Spielfeld wird die Fläche des Tisches plus der Raum rechts und links neben der eigenen Tischhälfte verstanden.

Bis 1993 war das noch etwas anders. Denn damals gehörte zum »Spielfeld« auch der Bereich hinter dem Tisch. Ältere Spieler zucken noch heute vor verschlagenen Bällen des Gegners zurück, selbst wenn sie mehrere Meter hinter der Platte stehen.

Damals wie heute gilt: Ein Flugball ist ein Fehler und gibt einen Punkt für den Gegner.

───────● **DER AUFSCHLAG-FLUGBALL** ●───────

Nimmt der Spieler den Netzaufschlag vor dem zweiten Aufspringen und über dem Tisch an, gilt dies als Netzaufschlag und es folgt eine Wiederholung. Nimmt er ihn hinter dem Tisch an, gilt dies als Fehlaufschlag und zählt einen Punkt.

WTTV-Werbestempel, 1990er Jahre

───────● **MARATHON-MATCHES:** ●───────
DAS LÄNGSTE DOPPEL
● ● ● ● ● ● ● ● ●

Die Herren **Roland Merklein**, **Volker Fernath**, **Hilmar Küttner** und **Helmut Hanus** aus Stuttgart standen sich zwischen dem 23. und 27. Mai 1980 für 102 Stunden gegenüber, um einen Weltrekord im Dauer-Doppel aufzustellen. Dieser ist seither ungebrochen.

• TISCHTENNIS-BÜCHER: •
SCHMETTERBALL. FÜNF ASSE

 In dieser Sportkrimi-Reihe stehen fünf agile Jungdetektive im Mittelpunkt. Lennarts großer Traum ist es, Stadtmeister im Tischtennis zu werden. Aber nachdem er sich intensiv vorbereitet hat, scheint sich das Schicksal gegen ihn zu wenden. Sein über alles geliebter Schläger wird beschädigt, und die Schiedsrichter haben bei seinen Matches Tomaten auf den Augen. Und dann tauchen mitten im Turnier auch noch zwei vermummte Typen auf.
Geschrieben von zwei erfahrenen Jugendbuchautoren, taugt dieses Buch für Kinder zwischen sieben und elf Jahren.

→ *Irene Margil/Andreas Schlüter: Schmetterball. Fünf Asse, dtv junior*

• DER MEDAILLENSPIEGEL BEI •
OLYMPISCHEN SPIELEN

Alle olympischen Turniere
seit 1988 zusammengenommen,
ergibt sich folgende Rangliste:

Land	GOLD	SILBER	BRONZE	GESAMT
China	32	20	8	60
Südkorea	3	3	12	18
Japan	1	3	4	8
Schweden	1	1	1	3
Deutschland	0	4	5	9
Nordkorea	0	1	3	4
Singapur	0	1	2	3
Taiwan	0	1	2	3
Frankreich	0	1	1	2
Jugoslawien	0	1	1	2
Hongkong	0	1	1	2
Dänemark	0	0	1	1

• WUSSTEN SIE SCHON, ... •

... dass die Mittellinie als Teil der beiden jeweils vom Spieler aus rechten Spielfeldhälften gilt?
Das bedeutet: Bei der Angabe im Doppel verfügt man über einen Raum, der ein wenig über die halbe Plattenfläche hinausgeht. Nämlich 1,5 mm (halbe Breite der Mittellinie) x 2740 mm (Länge des Tisches) = 4110 mm^2 oder 41,1 cm^2.

DIE BESTEN DEUTSCHEN:
JÖRG »ROSSI« ROSSKOPF

Bei den Deutschen Schülermeisterschaften in Wörth gewinnt 1983 ein junger Hesse namens JÖRG ROSSKOPF. Bald darauf sollte aus dem extrem aggressiv spielenden Linkshänder nach langer Dürre der erste deutsche Tischtennis-Star von internationalem Format werden. 1969 geboren, holte er 1988 seinen ersten von insgesamt acht Deutschen Einzelmeister-Titeln. Bereits ein Jahr später folgte jenes Ereignis, das den deutschen Tischtennissport voranbrachte wie kein anderes: Gemeinsam mit seinem Partner Steffen »Speedy« Fetzner gewann Roßkopf die WM-Goldmedaille im Doppel.

Dem ersten deutschen WM-Titel nach dem Krieg folgten zahllose weitere Glanzstücke. Der Mann mit der »Rückhandpeitsche« gewann 1992 die EM im Einzel, 1998 die im Doppel (mit W. Samsonow) und 2007 die mit der Mannschaft. Der Doppel-Silbermedaille von 1992 (wiederum mit Fetzner) folgte 1996 sein aus persönlicher Sicht größter Erfolg: Bronze im olympischen Einzelwettbewerb.

Jörg Roßkopf beendete 2010 seine aktive Karriere und wurde Bundestrainer der Herren.

ROSSI UND SPEEDY:
DER WEG ZUM WM-TITEL 1989

1. RUNDE:
Roßkopf/Fetzner – Kriston/Somosi (Ungarn)................. 2:0 ....21:10, 21:17
2. RUNDE:
Roßkopf/Fetzner – Nukazuka/Matsushita (Japan)......... 2:0 ....21:16, 21:13

ACHTELFINALE:
Roßkopf/Fetzner – Carlsson/Bengtsson (Schweden)...... 2:1 ...... 21:14, 14:21, 21:14
VIERTELFINALE:
Roßkopf/Fetzner – Grubba/Gatien (Polen/Frankreich) .. 2:1 ...... 21:16, 19:21, 21:18
HALBFINALE:
Roßkopf/Fetzner – Longcan/Quingguang (China)........ 2:1 ...... 11:21, 21:12, 21:17

UND DAS FINALE:
Roßkopf/Fetzner – Kucharski/Kalinic (Polen/Jug.)........ 2:1 ...... 18:21, 21:17, 21:19

Und übrigens: Wer wurde wohl 1983 bei der oben erwähnten Schüler-DM Zweiter? – Richtig! Es war Steffen Fetzner.

DIE DATEN ZUM TITEL:

Datum: *8. April 1989*
Ort: *Westfalenhalle Dortmund*
Zuschauer: *10.000*
Beginn: *20:45 Uhr (MESZ)*
Ende: *21:24 Uhr*
Dauer: *39 Minuten*

Werbebälle
zur WM 1989 in Dortmund

WANN IST DER BALL IM SPIEL?

Regel-Deutsch ist manchmal nicht so ganz leicht verständlich. Die Frage, ab wann man von einem Ballwechsel spricht, scheint zunächst ganz einfach. Punkt 5.2 des Regelbuchs wird da jedoch verwirrend genau: »*Der Ball ist im Spiel vom letzten Moment an, in dem er – bevor er absichtlich zum Aufschlag hochgeworfen wird – auf dem Handteller der freien Hand ruht, bis der Ballwechsel als Let (Wiederholung) oder als Punkt entschieden wird.*«

Deutlich einleuchtender kommen die Regeln 5.5 und 5.6 daher, die da lauten: »*Die Schlägerhand ist die Hand, die den Schläger hält.*« Und: »*Die freie Hand ist die Hand, die nicht den Schläger hält.*«

Während es unter 5.14 wieder etwas geheimnisvoller wird: »*Als über die Netzgarnitur oder um sie herum gilt auch, wenn der Ball das Netz irgendwo anders als zwischen Netz und Pfosten oder zwischen Netz und Spielfläche passiert.*«

Und weil die den Schläger haltende Hand zur Schlaghand wird, ergibt sich zwingend, dass mit ihr auch geschlagen werden darf – etwa, wenn beim Turbo-Topspin das Racket aus der Hand und in die Banden segelt.

25

JIANG JIALIANG galt in seiner aktiven Zeit stets als Hitzkopf, der sich gern mit Gegnern und Schiedsrichtern anlegte. Sein reizbares Gemüt hielt ihn nicht davon ab, einer der erfolgreichsten Spieler der TT-Geschichte zu werden.

1964 geboren, trat er mit sieben Jahren in ein Sportinternat ein. Die Welt horchte auf, als er mit gerade einmal 15 die Scandinavian Open gewann. 1985 holte er sich den WM-Titel im Einzel und verteidigte ihn zwei Jahre später im Finale gegen Jan-Ove Waldner. Neben diversen zweiten und dritten Plätzen stehen noch drei Goldmedaillen mit der Mannschaft zu Buche.

In seiner Heimat dekorierte man den Sohn eines Bauarbeiters und einer Verkäuferin mit dem Titel »Arbeiter des Jahres 1985 der Provinz Guangdong«. Nach seiner Spitzensport-Karriere eröffnete er in Pudong eine Tischtennisschule.

Zigarettenbildchen,
England,
1950er Jahre

FUSSBALLER GEGEN TENNISSPIELER

In einem Werbevideo (»Write the future«) zur Fußball-WM 2010 trat der englische Stürmerstar Wayne Rooney gegen den größten Tennisspieler aller Zeiten an, gegen Roger Federer also. Rooney treibt darin Federer von einer Ecke in die andere und dominiert ihn um Längen. Der Spot von Regisseur Alejandro Iñárritu wurde ein Renner bei Youtube, wo man ihn allein in der ersten Woche über sieben Millionen Mal aufrief.

Wie englische Zeitungen berichteten, kommt Rooneys TT-Affinität nicht von ungefähr. Angeblich stehen Tischtennis-Tische sowohl auf dem Trainingsgelände von Arsenal London als auch von Manchester United. Während bei den Gunners lange Robin van Persie der TT-King gewesen sei, habe in Old Trafford zumeist Rio Ferdinand die Nase vorn gehabt. Aber erst, nachdem Cristiano Ronaldo nach Madrid abgewandert war.

DAS 12-BALL-TOURNAMENT

»Die Zauberer vom Waverly Place« war eine beliebte Teenager-Serie, die von 2007 bis 2012 ausgestrahlt wurde. Die Disney-Produktion dreht sich um die fünfköpfige Russo-Familie. Sie lebt unerkannt als Zauberer und führt am namengebenden Waverly Place einen Sandwichladen. Am 25. Februar 2010 lief bei Super RTL die Folge »Das Zaubercollege – Teil 2«, und darin: DAS 12-BALL-TOURNAMENT.

Dabei handelte es sich um ein verrücktes Tischtennismatch. Die Spieler standen an einer sternförmigen, fünfseitigen Platte und spielten beidhändig und mit Doppel-Schlägern, das heißt, aus jeder Seite des Griffes wuchsen Schlagflächen. Noch dynamischer wurde das Spiel durch jene Zauberhand, die aus einem Loch in der Mitte der Platte aufstieg und peu à peu immer mehr Bälle einstreute, bis es insgesamt zwölf waren.

AUFGEGEBEN UND ZURÜCKGEKOMMEN

Im Finale der EM 1976 in der ČSSR musste die Britin JILL HEMMERSLEY gegen die bereits 36-jährige Rumänin MARIA ALEXANDRU antreten. Als diese mit einer Entscheidung des Referees nicht einverstanden war, hörte sie auf zu spielen und verließ die Box. Eigentlich eine Spielaufgabe, aber Alexandru durfte, nachdem sie sich beruhigt hatte, wieder zurück an die Platte. Hemmersley gewann 23:21, 21:17, 17:21 und 21:19.

Die Rumänin war allerdings weißgott keine Unbekannte. Zwischen 1962 und 1979 gewann sie 15-mal den nationalen Einzel- und 16-mal den Doppeltitel. Drei Goldmedaillen holte sie im Doppel bei Weltmeisterschaften. Und 1966, zehn Jahre vor ihrem Skandalfight von Prag, war sie bereits ein Mal Europameisterin im Einzel geworden.

1980 spielte Maria Alexandru für eine Saison beim deutschen Bundesligisten VSC 1862 Donauwörth.

PINK PONG

Wie im Fußball, so existiert auch in der Tischtenniswelt eine schwule Insel – jedenfalls im Amateurbereich. Dort versammeln sich jene, die sich zugleich für kleine weiße Bällchen und Männer interessieren. Es gibt schwule TT-Klubs, schwule Turniere, und Tischtennis ist selbstverständlich auch Teil der internationalen Schwulenolympiade, den Gay Games. Um ihren Sport auch sprachlich ein wenig vom Mainstream abzugrenzen, erfanden diese Kreise ein hübsches neues Wort:

Pink Pong

DEUTSCHE EM-MEDAILLEN IM MIXED

GOLD

1962 | *Hans Alser (SWE)/Inge Harst*
1978 | *Wilfried Lieck/Wiebke Hendriksen*
2018 | *Ruwen Filus/Han Ying*
2020 | *Dang Qiu/Nina Mittelham*

Die EM 1962 wurde in Berlin ausgetragen. Auch die Silbermedaille im Mixed ging an deutsche Teilnehmer: Die beiden Tischtennislegenden Eberhard Schöler und Agnes Simon verloren das Finale mit 0:3.

GUTE BEINARBEIT – SCHLANKE TAILLE

Ein Tischtennis-Profi verliert während eines Wettkampfes bis zu 3,5 kg an Gewicht, und dies pro Turniertag. Bei der Europameisterschaft in Prag 1976 soll ein Spieler sogar ganze 8 kg leichter geworden sein. Zwei Sätze kosten einen TT-Spieler auf internationaler Ebene etwa die gleiche Menge an Energie wie einen Spitzensprinter ein 100-Meter-Lauf.

KNAPPE KLAMOTTEN – VOLLE HALLEN?

Kurz vor den Olympischen Spielen in Peking 2008 schlug die Vizepräsidentin des Weltverbandes ITTF Alarm: Zu leer seien sie stets, die Tischtennishallen, vor allem bei den Frauenwettkämpfen. Aber die findige Französin hatte eine Idee: Ping-Pong muss sexyer werden, lautete ihre Devise. Die Frauen sollten, wie ihre Kolleginnen vom Tennis, knappere Kleidung anziehen. »Wir versuchen die Spielerinnen davon zu überzeugen, Röcke statt Hosen und figurbetonte Shirts zu tragen«, erklärte die ehemalige französische Spitzenspielerin gegenüber der Presse. Gelobt wurde in diesem Zusammenhang die Japanerin Naomi Yotsumoto. Die attraktive Asiatin war bei den nationalen Meisterschaften in Kniestrümpfen, einem Minirock und einem schulterlosen Shirt angetreten.

IN § 2.2 DER TT-REGELN
HEISST ES ZUR VORGESCHRIEBENEN SPIELKLEIDUNG:
»Die Spielkleidung besteht normalerweise aus kurzärmeligem oder
ärmellosem Hemd und Shorts bzw. Röckchen oder einteiligem Sportdress
(sog. ›Body‹), Socken und Hallenschuhen. Andere Kleidungsstücke (...)
dürfen im Spiel nur mit Genehmigung des Oberschiedsrichters
getragen werden.«
*Bedeutet das umgekehrt, dass man zwar nicht ohne Socken, wohl aber
ohne Unterhose auflaufen darf?*

Spielerpräsent zur
WM 2008 in Gounzaou
(von Jörg Roßkopf)

● **VEREINE MIT LATEINISCHEN VORNAMEN** ●

FC *Alemannia* Plaidt ⅼⅼⅼⅼⅼⅼ *Alemannia* = Deutschland
DJK *Arminia* Eilendorf ⅼⅼⅼⅼⅼⅼ von *Arminius* = Herrmann
ESV *Bavaria* Gemünden ⅼⅼⅼⅼⅼⅼ *Bavaria* = Bayern
SV *Borussia* Münster ⅼⅼⅼⅼⅼⅼ *Borussia* = Preußen
SV *Concordia* Ihrhove ⅼⅼⅼⅼⅼⅼ *Concordia* = Eintracht
SV *Frisia* 03 Risum-Lindholm ⅼⅼⅼⅼⅼⅼ *Frisia* = Friesland
TuS *Germania* Schnelsen ⅼⅼⅼⅼⅼⅼ *Germania* = Deutschland
SV *Teutonia* Sorsum ⅼⅼⅼⅼⅼⅼ *Teutonia* = Deutschland
SV *Viktoria* Gesmold ⅼⅼⅼⅼⅼⅼ *Viktoria* = Sieg
SV *Westfalia* Gemen ⅼⅼⅼⅼⅼⅼ *Westfalia* = Westfalen
VfR *Wormatia* 08 Worms ⅼⅼⅼⅼⅼⅼ TT-Abt. 1993 aufgelöst, *Wormatia* = Worms

Jeder Tischtennis-Fan weiß, dass der Abonnementmeister der 1. Bundesliga aus Düsseldorf kommt. Aber ein paar andere Sieger gab es in der langen Geschichte der BL durchaus. Manche sind vergessen, kaum jemand wird sich etwa außerhalb der bayrischen TT-Szene an den MTV München 1879 erinnern. Zu Unrecht, errang der Club von der Isar doch gleich sieben Mal die Deutsche Mannschaftsmeisterschaft: 1947, 1948, 1949, 1950, 1951, 1953 und 1954. Berühmtester Spieler: der neunfache Deutsche Einzelmeister Conny Freundorfer.

HERREN ⋜

Borussia Düsseldorf	33
MTV München 1879	7
TTC Zugbrücke Grenzau	6
TuSa 08 Düsseldorf	5
TTC Mörfelden	4
TTF Liebherr Ochsenhausen	4
ATSV Saarbrücken	4
TTC Altena	2
TTC matec Frickenhausen	2
Hamburger SV	2
u. a.	

⋝ DAMEN

DSC Kaiserberg	18
ttc berlin eastside	9
TTC (FC/Müllermilch) Langweid	8
Eintracht Frankfurt	7
FSV Kroppach	7
Spvg Steinhagen	6
BSG Osram Berlin	3
TTC Rot-Weiß Hamburg	2
u. a.	

1939, ein Jahr nach dem »Anschluss« Österreichs durch die Nationalsozialisten, hieß sowohl der Männer- als auch der Frauenmeister Post SV Wien.

• OSSI-TRIUMPHE •

Die Deutsche Demokratische Republik existierte von 1949 bis 1990. In dieser Zeit errang der kleinere deutsche Staat immerhin zwei Medaillen bei Tischtennisweltmeisterschaften.

🏅 *1957* in Stockholm holte der zwölfmalige DDR-Meister Heinz Schneider Silber im Einzel. Es war die erste deutsche WM-Medaille nach dem Krieg.

🏅 *1969* in München errang die Dresdnerin Gabriele Geissler die Silbermedaille. Auf dem Weg ins Finale schaltete sie unter anderem die westdeutsche Spitzenspielerin und Deutsche Meisterin von 1968 Edith Buchholz aus. Im Endspiel unterlag die Abwehrspielerin der Japanerin Toshiko Kowada mit 1:3.

• ENDE EINER DDR-KARRIERE •

Ein Jahr nach ihrem WM-Silber fiel GABRIELE GEISSLER in der DDR in Ungnade. Ihrer Weigerung, mit dem damaligen Verbandstrainer weiter zusammenzuarbeiten, folgte die Suspendierung von allen weiteren internationalen Wettbewerben. Pro forma unterstellte man ihr zudem jenes Delikt, das in dem realsozialistischen Staat immer für eine Sperre gut war: Geissler habe »Westkontakte« unterhalten.

Selbst 1989, als die DDR vor dem Ende stand, wollte man der Sportlerin die Ausreise und damit den Besuch der WM in Dortmund verweigern. Erst eine Beschwerde Geisslers an die Adresse des SED-Politbüros revidierte diese Unverschämtheit. Gabriele Geissler, geboren 1944, starb 2006 an Krebs.

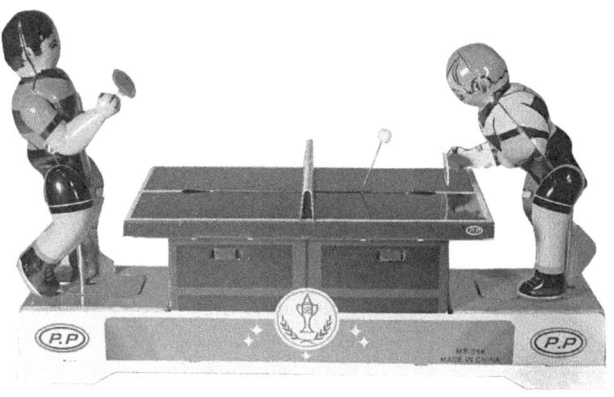

Aufzieh-Spielzeug made in China

Man mag es kaum glauben, aber es gibt tatsächlich Menschen,
die Lieder über Tischtennis geschrieben haben.
Nicht selten wird dabei der kleine, titschende Ball
als Taktgeber verwendet.

__ AXEL FEYERABEND & DIE »FRISCH KLEBENDEN BETA–BLOCKER«: __ TISCHTENNIS IST MEINE WELT

Das lustige Liedchen feiert den
Tischtennissport mit einem Augenzwinkern:

Er braucht nur einen Ball zu wittern
dann beginnt er schon zu zittern
und holt seinen frisch geklebten Schläger raus.
(...)
Zwischendurch mal schnell ein Bierchen
schärft den Blick und spült die Nierchen.
Hat der Gegner dann noch nicht die Schnauze voll
schießt er, ohne lang zu fragen
scharf und stets aus allen Lagen.

Der Refrain übernimmt dann die Melodie
des alten Margot-Werner-Hits
»So ein Mann« und geht wie folgt:

Brauch kein Gut und kein Geld
Tischtennis ist meine Welt
Diese Schnelligkeit und Kraft ist gepaart mit Leidenschaft
Und am Tisch zieh ich nur
(Pfund für Pfund?) Erotik pur
Es gibt nur eins, was für mich zählt:
Der kleine Ball ist meine Welt.

32

COMPUTERJOCKEYS: PINGPONG

Das 1999 auf dem EMI-Electrola-Label Harvest erschienene Stück
besteht aus elektronischen Beats und einem titschenden Ping-Pong-Ball.
Letzterer bestreitet auch den ganzen Videoclip, der mehrere Preise gewann,
unter anderem den Publikumspreis der Kurzfilmtage Oberhausen.
Im Jahr 2000 wurde das Lied zu einem weltweit angesagten
Independent-Clubhit.

🎧 *s. z. B. www.youtube.com/watch?v=iji7VLsiJsI*

DTTB: MAGIC BALL

Bereits 1989 veröffentlichte der Deutsche Tischtennis-Bund (DTTB) einen
Song zur Feier des »Magic Ball«. Das Lied diente damals der Dortmunder
Tischtennis-WM als Hymne.

STAMATIS: PING-PONG

Das Instrumentalstück des griechischen Musikers beginnt mit einem
von elektronischem Hall unterlegten TT-Ballwechsel. Es stammt
aus dem Jahr 1991.

OPERATOR PLEASE: JUST A SONG ABOUT PING PONG

Die Single der australischen Teenie-Band Operator Please wurde
2007 released. Down Under schaffte es der Song immerhin bis auf
Platz 12 der Charts und taucht außerdem in der Serie CSI:NY auf
(4. Staffel, Folge 16). Manche Kritiker behaupten, in dem Lied gehe
es um Sex. Sängerin Amandah Wilkinson jedoch betont, das sei
einfach nur ein Lied über Tischtennis.
Wie der Titel schon sagt ...

EED2BEAT: PING-PONG-SONG

Der Hip-Hop-Song von 2007 enthält sowohl elektronische als auch echte
TT-Ball-Geräusche. Das Cartoon-Video zum Lied ist sensationell:
Zwei schwarz-weiß animierte Männchen liefern sich ein Tischtennisduell
auf Biegen und Brechen. Einer hat einen glatt rasierten Eierkopf, der
andere trägt einen Dschingis-Khan-Schnäuzer.

JOJA WENDT: PING-PONG-SONG

Der wahrscheinlich ungewöhnlichste Tischtennis-Hit spielt auf einem Konzertflügel. Zwei Damen in Abendgarderobe liefern sich eine Partie Rückhand-Rückhand auf dem Rücken des Instruments und geben damit einen Takt vor. Dabei handelt es sich um die beiden TT-Spielerinnen Sarah Textor und Melanie Greil. Der Pianist steigt zunächst auf dem Klavier ein, später auch beim TT-Spiel. Die Performance war so überzeugend, dass sie am 9. Juli 2009 sogar im Fernsehen lief: in der chinesischen Ausgabe von »Wetten, dass..?« und vor 50 Millionen Zuschauern!

🎧 *In Peking: www.youtube.com/watch?v=aOj1m1w2ZY8*

RENI SCHWINDT UND BOTTRAM KRAMER: SCHMETTERBALL

Die extrem rare und kuriose Single stammt aus dem Jahr 1983. Dass hier der Jugoslawe Dragutin Surbek auf dem Cover prangt, ist kein Zufall: Er gewann in jenem Jahr gemeinsam mit Zoran Kalinic die Doppel-Goldmedaille bei der WM in Tokio. Auf der B-Seite indes findet sich eine Coverversion des NDW-Hits »Traumboy« von Frl. Menke. Wie gesagt, ein seltsames Machwerk.

JEAN MICHEL JARRE: PING-PONG-SONG

Steinalt, nämlich von 1973, ist dieses Lied des berühmten französischen Musikers. Jarre gilt als früher Protagonist der elektronischen Musik, und dementsprechend klingt auch dieser Song.

🎧 *s. z.B. www.youtube.com/watch?v=x2qps1PuAo0*

SPORTFREUNDE STILLER: MAG TISCHTENNIS

Der Song von den »Sportfreunden« kommt musikalisch wie textlich sehr bescheiden daher. Er gefällt sich vor allem darin, sämtliche Vorurteile gegenüber dem Tischtennis zu bedienen. Der Refrain sagt alles:

Mag doch einfach Tischtennis, mein Kind
Schau, wie gut Chinesen darin sind
Mag doch einfach Tischtennis, mein Kind
Schau, wie gut Chinesen darin sind

Schau, wie gut Chinesen darin sind
🎧 *s. z. B. www.youtube.com/watch?v=AOzzbvZaV_U*

——— ERSTE ALLGEMEINE VERUNSICHERUNG: PING-PONG ———
(Maxi CD von 1994)

Die österreichische Spaßband hat ganz offensichtlich nicht viel Ahnung vom Ping und Pong. Denn was sich nach einem Lied über Tischtennis anhört, ist in Wirklichkeit eines über Tennis. Dass der Ball dort Ping-Pong mache, ist natürlich Blödsinn.

Textauszug:
Ich renne und ich hatze
Und zwar am Tennisplatze
Dem Balle hinterher
Ihn zu fangen, das ist schwer
Ich krieg ihn auf das Auge
Ich krieg ihn auf die Birn
Doch leider nicht auf's Racket
Ich glaub, ich werd verliern.

——— JAMES BLAST ORCHESTER: »ICH LIEBE DIR« ———
(von dem Album »Meister der Musik«, 1998)

J.B.O. ist eine Fun-Metal-Band aus Erlangen. Am Ende des Songs »Ich liebe dir« kommt es zu folgendem Dialog: »Christoph, hallo?« »Ja, Hannes.« »Ey, mir reicht es jetzt, komm, wir gehen Tischtennis spielen.«, »Ja, endlich!« Danach hört man, wie ein Tischtennisball auf der Platte hin- und hertitscht.

——— PLASTIC BERTRAND: PING PONG ———

Der Franzose hatte 1977 einen punkigen Hit: »Ça Plane Pour Moi«. 1982 brachte er dann ein unglaublich albernes Lied namens »Ping Pong« heraus. Auf dem Cover der Single posiert er als popperhafter Tennisspieler mit Wollpullunder, hält jedoch einen Tischtennisschläger in der Hand.

🎧 *s. z. B. www.youtube.com/watch?v=r1fm7ktrPoo*

... dass so eine Tischtennisplatte auch auf internationaler Ebene aus jedem beliebigen Material bestehen kann? Also zum Beispiel auch aus Beton, wie die Platten auf dem Schulhof? – Genau dies erlaubt Regel 1.3 des DTTB. Einzige Bedingung: Ein aus 30 cm Höhe fallen gelassener Ball muss überall gleichmäßig rund 23 cm wieder hochspringen.

• VIZERICH MEIDERICH •

II. *Wie Leverkusen lange das Vizekusen des Fußballs war, so ist Meiderich das Vizerich des Tischtennis. Kaum aufgestiegen, landete der Duisburger Klub schon 1970/71 auf dem zweiten Platz der Abschlusstabelle. Das ließ auf zukünftige Meisterschaften hoffen, aber auch in den folgenden vier Jahren wurde der TTC stets Vizemeister. Am knappsten scheiterte man 1972 mit lediglich zwei Punkten Rückstand auf den Mettmanner TV. Die fünfte Saison in der Eliteklasse sollte für Mettmann schließlich auch die letzte sein. Nach diversen internen Querelen zog sich der Klub trotz eines sechsten Platzes bis in die Landesliga zurück.*

• DIE BESTEN DEUTSCHEN: •
USCHI KAMIZURU

Die 1953 geborene Duisburgerin war nur 1,49 m klein, am Tisch aber lange Zeit die Größte. Ihre erfolgreichste Phase umspannt die Jahre 1979 bis 1981, als sie sämtliche neun möglichen DM-Titel gewann. Neben insgesamt zwölf Deutschen Meisterschaften (fünf im Einzel, sieben im Doppel) stehen vier WM-Teilnahmen und 110 Länderspiele zu Buche. Größter internationaler Erfolg: Mannschafts-Silber und Einzel-Bronze bei der EM 1982 in Budapest – damals schon nicht mehr unter ihrem Mädchennamen Hirschmüller, sondern als Frau des Japaners Hideyuki Kamizuru. Die gelernte Buchhändlerin starb, erst 54 Jahre alt, am 5. August 2008.

• DIE WEISSEN LINIEN •

Seiten- und Grundlinien müssen weiß und genau 2 cm breit sein. Die fürs Doppel wichtige Mittellinie hingegen muss weiß und genau 3 mm breit sein. Ob die Netzkante weiß zu sein hat und wie dick sie sein darf – darüber findet sich nichts in den Regeln. Wohl jedoch über die Werbung auf Netzen. Punkt 2.5.8 nämlich besagt, dass entsprechende Schriftzüge einen Mindestabstand von 3 cm zur oberen Netzkante einhalten müssen.

• DIE ZAHLHARMONIEN DES NETZES •

Der obere Rand des Netzes soll
15,25 cm
entfernt von der Spielfläche sein (= 6 engl. Inches). Genauso hoch
sollen die Netzpfosten sein, deren Außenseiten sich ebenfalls
15,25 cm
von der Seitenlinie entfernt zu befinden haben.
Insgesamt kommt ein Netz auf eine Länge von
183 cm,
das ist genau das 12-fache der Höhe.
Und was die Netzspannung betrifft:
Wird das Netz mittig mit
100 Gramm
belastet, darf es nicht mehr als
zehn Millimeter
absinken.

Jubiläumsteller,
Türkei, Geschenk
an den DTTB

ÜBER-KOPF-AUFSCHLÄGE

Allem Lamentieren über nicht hochgeworfene Services ein Ende machen sollte ein Antrag, den der chinesische und der deutsche Verband 2003 bei der alljährlichen ITTF-Tagung einbrachten. Statt wie bisher 16 cm sollte der Ball demnach bis über den Kopf bzw. mindestens 50 cm hoch geworfen werden. Dies wurde jedoch mehrheitlich abgelehnt. Stattdessen beschloss man in jenem Jahr, dass der aufschlagende Spieler seinen freien Arm sofort zur Seite zu ziehen habe, wenn der Ball die andere Hand verlassen hat.

DER ERSTE PROFI

Der vierfache Einzel-Weltmeister RICHARD BERGMANN wurde 1920 als Sohn polnisch-italienischer Eltern in Wien geboren. Als Österreicher holte er auch seinen ersten WM-Titel mit der Mannschaft 1937. Als gebürtiger Jude verließ er das Land jedoch nach dem »Anschluss« an Nazi-Deutschland 1938. Bergmann wechselte die Staatsbürgerschaft und spielte fortan für England.

Als 1947 in Paris die ersten Nachkriegs-Weltmeisterschaften anstanden, war Titelverteidiger Bergmann nicht dabei. Warum? – Er hatte während des Krieges Tischtennis-Schaukämpfe veranstaltet. Für Geld! Bergmann reagierte auf diese Sperre wie ein echtes Show-Talent. Er fuhr nach Paris und paradierte mit einem Schild durch die Straßen, auf dem er sich als den einzigen und echten Weltmeister bezeichnete. Wer daran zweifele, solle sich ihm zum Kampf an der Platte stellen – er setze 500 englische Pfund. Dass Bergmann nicht nur eine große Klappe hatte, bewies er 1948 und 1950. Da nämlich durfte er an den Weltmeisterschaften teilnehmen – und gewann.

DER RICHARD BERGMANN
FAIR PLAY AWARD

In Bergmanns Todesjahr 1970 wurde der
BARNA-PREIS IN RICHARD BERGMANN FAIR PLAY AWARD
umbenannt. Die Auszeichnung wird fast ausschließlich bei
Weltmeisterschaften verliehen. Zu den deutschen Preisträgern gehören
Eberhard Schöler (1969) und Wilfried Lieck (1977).
Was man dafür tun musste? –
Nun, zum Beispiel beim Stand von 16:17 im fünften Satz einen Kantenball
des Gegners zugeben, obwohl der Schiedsrichter ihn nicht gesehen hatte.
Desmond Douglas war das, im Spiel gegen Kim Song Hui bei der WM in
Schweden 1985. Douglas verlor das Match.

1938 in London wurde Richard Bergmann Zweiter im Einzel. Was Kantenbälle betraf, hatte man sich bei dieser WM einen besonders raffinierten Trick ausgedacht: An einigen Tischen waren entlang der Kanten Drahtsaiten gespannt worden, um den Kantenball am Ton zu erkennen.

»Pling«,

machte es da wohl, oder auch, wenn die Saite etwas dicker war:

»Plong«

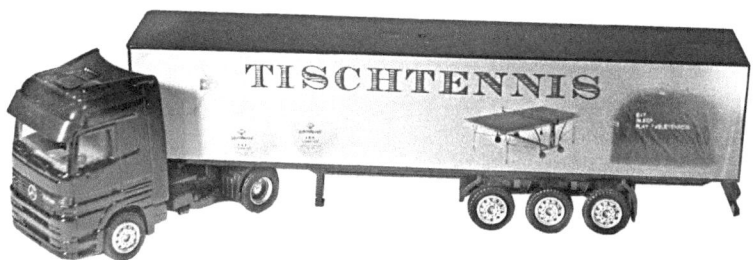

Spielzeuglaster, 2006

• DIE GRÖSSTEN SPIELER ALLER ZEITEN: • DIANE SCHÖLER

DIANE SCHÖLER war eine gebürtige Rowe, die Frau war also Engländerin. Zusammen mit ihrer Zwillingsschwester wurde sie 1933 in Marylebone / London geboren und von dem zigfachen Weltmeister Victor Barna trainiert. 1951 und 1955 gewannen die »Rowe-Twins« die Doppel-WM. Ebenfalls 1951 entschied sich Diane, ihr Spiel von Abwehr auf Angriff umzustellen. In der Folge wurde sie zu einer der erfolgreichsten Spielerinnen der TT-Geschichte. Sie sammelte 14 EM- und 20 WM-Medaillen.
Eine geographische Wendung nahm ihre Karriere, als sie 1966 den deutschen Spitzenspieler Eberhard Schöler heiratete und nach Düsseldorf zog. Im selben Jahr trat Diane auch schon erstmals für Deutschland an die Platte und spielte noch vier weitere WM-Turniere für Germany. Ihren fünf englischen Einzel-Meistertiteln fügte sie in der Folge noch zwei deutsche hinzu (1970, 1972).
Wie ihr Mann engagierte sich Diane Schöler nach ihrer aktiven Laufbahn auch als Funktionärin für den Tischtennissport. Sie starb 2023.

PROMINENTE HOBBY-SPIELER: CRISTIANO RONALDO

Cristiano Ronaldo und Rio Ferdinand trugen während ihrer gemeinsamen Zeit bei Manchester United (2003-09) ein Tischtennismatch aus. Ferdinand gewann vor versammelter Mannschaft, CR7 ärgerte sich maßlos über den Jubel. »Noch am gleichen Tag«, so Kollege Patrice Evra, »schickte er seinen Cousin los, um eine Tischtennisplatte zu besorgen.« Den Rest kann man sich beinahe denken: Ronaldo trainierte zwei Wochen wie ein Wahnsinniger. Dann lud er das Team vor, um Ferdinand erneut zu fordern. Und gewann.

Zigarrettenbildchen, England, 1950er Jahre

FLÜCHTIGE LÖSUNGSMITTEL

Viele Jahre war das Frischkleben vor dem Match ein selbstverständlicher Akt der weltweiten TT-Gemeinde. Seit 2007 jedoch ist es verboten – wegen der im Leim enthaltenen »Flüchtigen Lösungsmittel«. Aber was ist das überhaupt? – www.netdoktor.de weiß mehr: »Flüchtige Lösungsmittel wie Aceton, Toluol, Chloroform oder bestimmte Alkohole sind in Klebstoffen, Lacken und einigen Kosmetika (Nagellackentferner) enthalten. Besonders Jugendliche inhalieren (schnüffeln) diese hochgiftigen Stoffe gezielt wegen ihrer euphorisierenden Wirkung. Daher werden diese Stoffe auch Schnüffelstoffe genannt.«

Eine körperliche Abhängigkeit, so erklärten die Experten, entstehe bei regelmäßigem Schnüffeln zwar nicht, wohl aber ein »suchtartiges Verlangen« und in der Folge »Halluzinationen, Übelkeit, Bewegungs- und Sehstörungen«. – Das erklärt immerhin so manch merkwürdiges Spielerverhalten von damals.

Schon 1993 entschloss sich die ITTF recht plötzlich dazu, das Frischkleben zu verbieten. Die TT-Welt war verwirrt, offenbar hatte man die Entscheidung seitens des Verbandes nicht gründlich genug vorbereitet. Und wurde zu einem Rückzieher gezwungen: Verboten blieb zunächst nur die Verwendung von Klebern mit damals bekannten Schadstoffen.

DIE BESTEN DEUTSCHEN: ASTRID KREBSBACH-HOBOHM-HORN

Der DTTB war 1931 auf 180 Vereine angewachsen, höchste Zeit also, um die ersten nationalen Meisterschaften auszurichten. Bei den Titelkämpfen in Magdeburg gewannen in den Einzelwettbewerben der Dresdener Nikita Madjaroglou (?? – 1950) und die Berlinerin ASTRID KREBSBACH (1913 – 1995). Für diese beginnt damit eine lange Karriere, die sie zur erfolgreichsten deutschen TT-Spielerin aller Zeiten machen wird. Die immer attackierende Linkshänderin gewinnt insgesamt neun WM-Medaillen – verteilt auf die 23 Jahre zwischen 1931 und 1953. Das Gold im Mannschaftswettbewerb von 1934 veredelt Astrid Krebsbach (später verheiratete Hobohm und Horn) durch Siege gegen die bis dahin fünffache Weltmeisterin Maria Mednyanszky und die seinerzeit amtierende Weltmeisterin Anna Sipos aus Ungarn. Ihren fünf gesamtdeutschen Meisterschaften lässt sie nach dem Krieg noch vier DDR-Titel folgen. Und ganz nebenbei wird aus dem Multitalent später auch noch eine erfolgreiche Tennisspielerin.

BOMBAY 1952

Ein deutsches Damenteam suchte man im Starterfeld vergeblich. Es musste aus Kostengründen zuhause bleiben. Komplett in der Heimat blieben auch die Teams der Tschechoslowakei, der Schweiz und Jugoslawiens, obwohl sie bereits bestimmten Gruppen zugelost worden waren.

Den deutschen Herren wurde die lange Reise zwar finanziert, sie verzeichneten in den Einzelwettbewerben jedoch lediglich einen einzigen Sieg. Nach einem Freilos in der ersten Runde schlug der dreifache Deutsche Meister Heinz Raack den Kambodschaner Lim Tam Var, bevor er gegen den Hongkong-Chinesen Fu Chi-Fong ohne Satzgewinn ausschied.

Sei nie pünktlich. Denk an das Glücksgefühl deiner Kameraden,
wenn du schließlich doch noch eintriffst.

Komm bei Heimspielen erst dann in die Halle, wenn die Tische aufgebaut
sind. Beachte: Mannschaftsführer und Funktionäre sollen auch etwas tun.

Sei kein Modemuffel. Verhindere durch kreative Sportbekleidung ein
einheitliches Bild der Mannschaft. Uniformen konntest du noch nie leiden.

Bestreite den ersten Satz deines Spiels stets im Trainingsanzug.
Aufwärmen vor dem Kampf kostet Kraft.

Versuche nie, regelgerechte Aufschläge zu machen. Es gibt nur wenige
Spieler, die korrekte Aufschläge beherrschen. Warum solltest gerade
du zu den Auserwählten gehören?

Betrachte einen Netzroller als gottgewolltes Ereignis. Es lohnt nicht,
ihn noch zu erreichen. Fluch lieber, das beruhigt!

Denk immer daran, dass sich unermüdlicher Einsatz nicht auszahlt und
dies dein Team überraschen könnte. Und wer liebt schon Überraschungen?

Wenn du spielst, erwarte von deinen Freunden Anteilnahme und Beifall.
Ist es zu Ende, ziehe dich zurück. Du brauchst Ruhe!

Halte dich vom Schiedsrichteramt zurück. Bei deiner Spielstärke
hast du es nicht nötig, Domestikenarbeit zu leisten.

Geh nach deinem letzten Match sofort unter die Dusche.
Es ist ein erhebendes Gefühl, den anderen beweisen zu können,
wie unabhängig man ist.

Lass kurz vor dem Wechseltermin verlauten, dass du dich verändern
willst. Vielleicht werden die Verantwortlichen (endlich) wach und
machen dir ein Angebot.

Geschieht dies nicht, verlasse den Verein.
Er hat dich als Mitglied nicht verdient!

Quelle: Walter Mühlenhausen: in WTTV – Daten, Fakten, Informationen

• EIERBALL •

Im Guinness-Buch der Rekorde findet sich unter anderem ein kurioser Rekord der US-Amerikaner Ashrita Furman und Bipin Larkin. Im Januar 2010 absolvierten die beiden einen 36-sekündigen Ballwechsel mit einem rohen Ei. Das Hühnerprodukt ging dabei immerhin 14 Mal über das Netz.

• PROMINENTE HOBBY-SPIELER: • HORST ECKEL

Er trat zwischen 1949 und 1960 213 Mal für den 1. FC Kaiserslautern an, erzielte dabei 64 Tore und wurde zweimal Deutscher Meister. An seinem 80. Geburtstag im Jahr 2012 verriet der WM-Held von Bern 1954, wie er sich über all die Jahre fit hielt: mit Tischtennis nämlich.

Im Alter, wie schon während seiner Fußballkarriere, griff Eckel zum kleinen Schläger. Nicht selten, so erzählte er, trat er am Morgen vor Matches des FCK sogar noch zu Meisterschaftsspielen seines Vogelbacher TT-Vereins an.

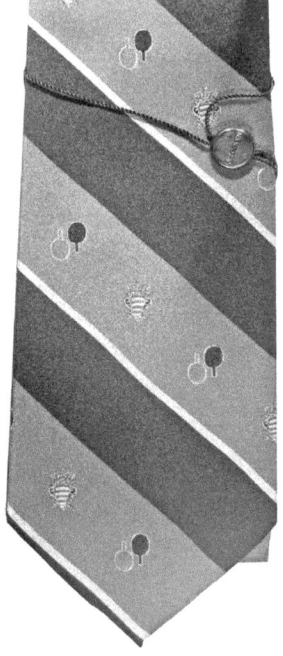

TT-Schlips,
Kellerfund aus der
DTTB-Zentrale

• PING-PONG • IN ANZUG UND KRAWATTE?

Erscheint Ihr Gegner im einteiligen Swimsuit, mit einem Motorradhelm auf dem Kopf oder in lila Latzhosen, müssen Sie sich das nicht gefallen lassen. Denn wie die Spielkleidung auszusehen hat, das bestimmt Regel 2.2.1 der ITTF. Selbst das Tragen einer Trainingsjacke oder -hose muss der Oberschiedsrichter zunächst genehmigen. Fehlt dieser, wie im unterklassigen Bereich üblich, dann ist allerdings guter Rat teuer.

DIE GRÖSSTEN SPIELER ALLER ZEITEN: FRED PERRY

FRED PERRY ist die vielleicht ungewöhnlichste Figur, die sich je in der Weltspitze des Tischtennis tummelte. Der 1909 geborene Engländer ist heutzutage jedem bekannt, der sich ein wenig für Mode interessiert. Weil er die grünen Tennisshirts nicht mehr sehen konnte, ließ Perry 1947 weiße Polohemden anfertigen und verteilte sie unter den Kollegen. Dies war die Geburt jener Marke, die mit dem Lorbeerkranz-Logo durch die Welt der verschiedensten Jugendkulturen zog.

Aber Fred Perry, der von 1934 bis 1936 drei Mal in Folge das renommierte Wimbledon-Turnier gewann, hatte seine Sportlerkarriere eigentlich als Tischtennis-Spieler begonnen. Und unglaublicherweise zählte er auch hier zu den Größten des Faches. Perry gewann 1929 die Weltmeisterschaft im Einzel. Dieser Erfolg ist um so höher zu bewerten, als er in Budapest stattfand. Perrys Goldmedaille war die erste eines Nicht-Ungarn in der TT-Geschichte.

Noch im Jahr des Triumphes sagte er dem Tischtennis adé und qualifizierte sich erstmals für Wimbledon. Perrys Vater war ein einfacher Baumwollspinner und ein Sozialist. Sein Sohn, und das macht sicherlich einen Teil seiner Faszination aus, war der erste Wimbledon-Sieger, der aus dem Arbeitermilieu kam – ein working class hero!

Seit 1984, also noch zu Lebzeiten Perrys, steht seine Bronzestatue vor den Toren der Wimbledon-Anlagen. Fred Perry starb am 2. Februar 1995 in Melbourne.

DER DEUTSCHE PERRY: HEINZ RAACK

Der Berliner Heinz Raack (1916–2003) wurde zwischen 1941 und 1947 drei Mal Deutscher Meister im Tischtennis. Er bestritt neun Länderspiele und nahm u. a. an der WM 1952 im indischen Bombay teil. Genau wie Fred Perry wechselte Raack vom Tischtennis zum Tennis, wenn er auch nicht ganz so groß wurde. 1947 gründete er einen eigenen Verein für beide Sportarten. Im selben Jahr landete er seinen größten Tennis-Erfolg: Bei der Berliner Meisterschaft belegte er den dritten Rang.

Kulli zur WM 1981 in Jugoslawien

DER FRANZÖSISCHE PERRY: RENÉ LACOSTE

Der 1904 geborene Modezar Lacoste beschritt den anderen Weg: Er kam vom Tennis zum Tischtennis. Seine Erfolge können sich sehen lassen: Zwei Mal siegte er in Wimbledon (1925 und 1928), weitere Grand-Slam-Titel sowie Siege im Davis Cup stehen ebenfalls zu Buche. 1929 beendete er seine Tenniskarriere, und vier Jahre später (14 Jahre vor Fred Perry) eröffnete er seine Modefirma. Bei der Suche nach einem Emblem entschied er sich für seinen alten Spitznamen: »Le crocodile«. Als im selben Jahr 1933 die Tischtennis-Weltmeisterschaften in Paris gastierten, meldete sich Lacoste für den Einzelwettbewerb. Tatsächlich hatten ganz am Anfang der TT-Historie die Tennisspieler gestanden. Aber der junge Sport an der Holzplatte hatte mittlerweile seine eigene Dynamik entfaltet. René Lacoste jedenfalls schied bereits in der ersten Runde aus.

Joola-Präsent, 2005

DIE PECHMARIE UND DIE BEATLES

Auch die Engländerin Ann Haydon-Jones war eine ausgesprochen erfolgreiche Tennisspielerin. Sie gewann mehrere Grand Slams, u. a. zwei Mal die French Open. Für ihren Finalsieg in Wimbledon gegen Billie Jean King 1969 unterbrachen sogar die Beatles ihre Aufnahmesession. Stattdessen versammelten sich die Fab Four vor dem Radio und feuerten ihre Landsfrau an.

Dass es so weit kam, hat Ann Haydon allerdings wie die Vorgenannten dem Tischtennis zu verdanken. Ihre Eltern waren gute Spieler gewesen, und zunächst trat sie auch in deren Fußstapfen. Bis zur für sie tragischen WM von 1957. Haydon stand damals sowohl im Einzel als auch im Doppel und Mixed im Endspiel, verlor jedoch alle drei Finals im fünften Satz. Danach entschied die passionierte Linkshänderin, dass Tennis besser für sie sei. Außerdem, so erklärte sie, werde das »an der frischen Luft gespielt«.

PROMINENTE HOBBY-SPIELER: BILL GATES

Der Microsoft-Gründer hat ein Herz für Tischtennis. Dies wusste man schon 2002 in Österreich. Als Gates dort auf Besuch war, schenkte ihm die Sportministerin ein Trikot der österreichischen Nationalmannschaft. Im Gegensatz zur österreichischen Staatsbürgerschaft, die ihm ebenfalls angetragen wurde, nahm er das Sporthemd an.

KAMPFLOSE PUNKTE

Begeht ein Spieler einen durchschnittlich schweren Verstoß (z.B. Treten gegen den Tisch), bekommt er die Gelbe Karte gezeigt. Im Wiederholungsfalle wird seinem Gegner ein Punkt zugesprochen. Ramponiert er sodann ein drittes Mal die Platte, setzt es direkt zwei Strafpunkte. Stand es vorher 8:8, ist der Satz nun zu Ende.

Nagelknipser,
Stiga-Werbegeschenk, 1990er Jahre

DAS WAR EIN DING!

Als sich der deutsche Richard Prause für das Doppel bei der WM 1995 in Tianjin/China mit Ding Yi zusammentat, schien er eine gute Wahl getroffen zu haben. Der eingebürgerte Österreicher hatte zuvor sieben Mal die Landesmeisterschaften gewonnen, bevor Werner Schlager ihn ablöste. Ding je-

doch brachte Prause kein Glück. Denn als das erste Doppel anstand, waren alle da – außer Ding. Prause/Ding schieden mithin kampflos aus.

Und um dem Fass die Krone aufzusetzen: Gegen wen schied Prause wohl im Einzelwettbewerb aus? – Genau gegen jenen Ding Yi!

OBERFLÄCHENGLANZ

Beläge
dürfen nicht so stark
glänzen, dass sie den Gegner
durch Lichtreflexe behindern könnten. Um dies zu testen, werden international extrem teure Geräte eingesetzt, sogenannte Gloss-Meter (von engl. Gloss = der
Glanz). Jenseits dessen existiert jedoch auch eine
so einfache wie kostenlose Möglichkeit für
den Hausgebrauch: Man stelle die Netzlehre
senkrecht auf den Schläger. Ist deren Schriftzug auf dem Belag erkennbar, spiegelt
letzterer zu stark. Und muss je nachdem ausgewechselt werden.

WUSSTEN SIE SCHON, ...

... dass der Aufschlag in den Anfängen des TT-Sports lediglich auf
des Gegners Seite auftitschen musste?
Die Analogie zum Tennis wurde erst 1902 von der englischen Ping Pong Asso-
ciation aufgehoben. Der Grund: Die Schiedsrichter sahen sich zunehmend au-
ßerstande zu beurteilen, ob ein Service korrekt ausgeführt wurde.

6:4, 3:6, 6:1, 6:2

So wie in der Überschrift sahen bis 1926 die Ergebnisse eines
Tischtennis-Matches aus. Weil der Sport aus dem Tennis hervor-
gegangen war, hatte man zu Anfang auch die dort übliche
Zählweise übernommen. Geändert wurde dies auf dem
ersten Kongress der jungen International Table Tennis
Federation (ITTF) am 12. Dezember 1926 in London. Zunächst,
so beschloss man, sollte jeder Nationalverband selbst entscheiden, ob ein Satz bis 6 oder 21 geht. Erst 1928 setzte sich die
Zählweise bis 21 als die alleinige durch.
1926 in London tagte man übrigens in der Bibliothek der
Lady Gladys Goldsmid Montagu Swaythling (1879–1965).
Diese war zugleich die Mutter von Ivor Montagu, der
1926 die ersten TT-Weltmeisterschaften
organisiert hatte.

FÜNF-MINUTEN-PAUSE

Der englische Star Desmond Douglas auf die Frage, wie das Schultischtennis seinen Stil beeinflusst habe:
»There wasn't any money for gyms or proper equipment, so we played in the classroom. Our table didn't have legs, *so we would rest it on top of the desks but with the blackboard only a yard or so behind, we couldn't step back to play. That style – standing very close to the table – remained with me for the whole of my career.«*

DIE ERSTE WM IN DEUTSCHLAND

Erstmals nach Deutschland vergeben wurden die Weltmeisterschaften von

1930.

Diese vierte Veranstaltung ihrer Art kannte in allen sechs Wettbewerben nur einen Sieger: Ungarn. In den Mannschaftsspielen gaben die Magyaren lediglich ein einziges Spiel ab – beim 5:1 gegen Deutschland. Mangels großer Veranstaltungshallen wurde das Turnier im Saal des Brüdervereins-Hauses sowie im Orient-Saal des Kaufhauses Wertheim ausgetragen.
Ohne Chance waren auch die zum ersten Mal angetretenen Inder. Nur ihretwegen übrigens bekam dieser eigentlich als Europameisterschaft geplante Wettkampf den Stempel WM.

FEINE HAND – SCHWÄCHLICHE FIGUR

Die Berliner Presse berichtete ausgesprochen despektierlich
über diese WM:
»Es hat mit Sport wirklich nichts zu tun, was man hier zu sehen bekommt. Es ist eher ein aufregendes Spiel, bei dem die Zuschauer am artistischen Können der Teilnehmer ihre Freude haben. Auch hierfür gibt es viele Interessenten, unter denen man sogar prominente Sportsleute erblickt, die die ›kurze Leitung‹ und die ›feine Hand‹ bewundern, aber die schwächliche Figur bemitleiden. Der Gedanke, diese Cracks durch Waldlauf zu stärken, erscheint zu gewagt. Man fürchtet um ihr Herz.«

7:0 SPIELE 21:0 SÄTZE = WELTMEISTER

Von allen Meisterstücken, die JAN-OVE WALDNER in seiner langen Karriere vollbrachte, war der WM-Titel von 1997 wohl das glanzvollste. In einem einzigartigen Durchmarsch gewann er sämtliche sieben Matches inklusive Finale ohne jeglichen Satzverlust. Sein Opfer im Endspiel damals: Wladimir Samsonow.

Der Sohn der Lady Swaythling war offenbar ein ganz schräger Vogel und zudem auf vielen verschiedenen Feldern aktiv. So wirkte er u. a. als Filmemacher, Cutter, Filmkritiker und Filmproduzent. Zu seinen berühmtesten Partnern zählte der junge Alfred Hitchcock. Seine ganze Sportleidenschaft jedoch gehörte dem Tischtennis. Selbst ein veritabler Spieler, fungierte er von 1926 bis 1967 als Präsident der ITTF.

Politisch stand Ivor Montagu (1904–1984) immer auf Seiten der Linken, in England war er Mitglied der Kommunistischen Partei. Manche Quellen behaupten, dass er außerdem als russischer Spion gearbeitet habe.

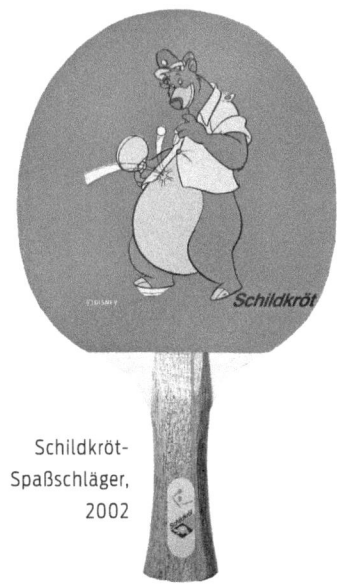

Schildkröt-
Spaßschläger,
2002

◆ DICKE LILLI – GUTES KIND ◆

An der WM 1930 nahm für Deutschland ein 15-jähriges Mädchen namens Lilli Maria Peiser teil. Die talentierte Nachwuchskraft unterlag im Achtelfinale der späteren Weltmeisterin Maria Mednyanszky aus Ungarn. Berühmt wurde sie später als Lilli Palmer, die Schauspielerin. Nach der WM begann sie am Hessischen Landestheater, 1934 emigrierte die geborene Jüdin nach Paris. Später stand sie u. a. mit Weltstars wie Gary Cooper und Romy Schneider vor der Kamera. Zu einem internationalen Bestseller wurde ihre Autobiographe »Dicke Lilli – gutes Kind« von 1974.

◆ KEIN EUROPÄER AUF DEM TREPPCHEN ◆

Die asiatische Übermacht im Tischtennis fand ihren dramatischen Höhepunkt bei der WM in Zagreb 2007. Keine einzige der insgesamt 20 vergebenen Medaillen ging nach Europa. Stattdessen gewann allein China 14 Edelmetalle (5 Gold, 5 Silber, 4 Bronze), Hongkong 2 (0, 0, 2), Korea 2 (0, 0, 2), Singapur 1 (0, 0, 1) und Taiwan 1 (0, 0, 1). Beste deutsche Platzierung: Das Damendoppel Struse/Barthel erreichte das Viertelfinale.

Wie man heute weiß, sollte dies nicht der letzte europäische Nulldurchlauf bleiben.

Als Jörg Roßkopf und Steffen Fetzner bei den Deutschen Meisterschaften 2009 zum Comeback antraten, da waren sie für die Presse die »Altmeister«. Nicht zu Unrecht, denn zu diesem Zeitpunkt hatten Rossi und Speedy ganze neun Jahre nicht mehr gemeinsam an der Platte gestanden – so lange nämlich lag die EM in Bremen zurück. Und genau am Ort der 2009er-DM, in Bielefeld, waren sie 1996 zuletzt Deutscher Meister geworden. Was als Gaudi und nostalgischer Abschluss einer Doppel-Karriere gedacht war, währte allerdings nicht besonders lang. Die Weltmeister von 1989 verloren bereits im Viertelfinale gegen Alexander Flemming und Jörg Schlichter, und zwar sang- und klanglos mit 0:4.

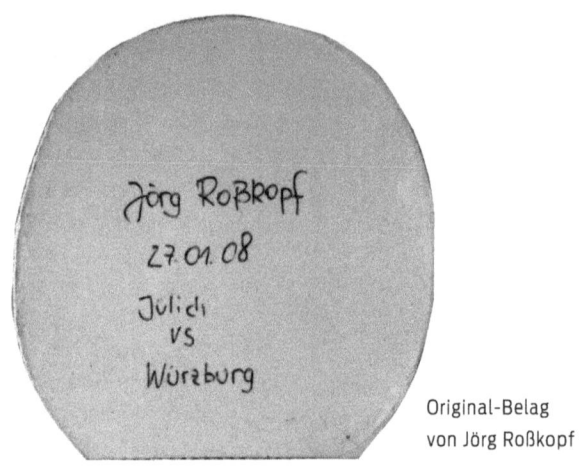

Original-Belag
von Jörg Roßkopf

──────── • **DIE BESTEN DEUTSCHEN:** • ────────
HOLGER NIKELIS

Der 1978 geborene Kölner spielt Tischtennis, seit er sechs Jahre alt ist. Seit seinem 17. Lebensjahr sind nach einem Bruch des 6. Halswirbels seine Beine vollständig und die Arme teilweise gelähmt. Der Unfall hielt ihn jedoch nicht davon ab, weiter seinen Sport zu betreiben. Und das mit großem Erfolg: Nikelis ist deutscher Abonnement- sowie vierfacher Europameister. Zwei Mal, 2006 und 2010, gewann er die Weltmeisterschaft im Einzel, und schon 2004 feierte er den größtmöglichen aller Erfolge, indem er die erste von zwei Goldmedaillen bei den Paralympics holte. Zu seinen zahlreichen Auszeichnungen zählt u. a. der Sieg bei der Wahl zu Kölns Sportler des Jahres 2010.

— DIE DEUTSCHEN OFFENEN —

Schon 1924/25 gingen die ersten Internationalen Meisterschaften von Deutschland über die Platte. Austragungsort war in den frühen Jahren stets Berlin. Inzwischen trägt dieses wichtigste Turnier auf deutschem Boden den anglisierten Titel German Open, und die Preisgelder sind hoch genug, um hier die absolute Weltspitze zu Gast zu haben.

Hier einige Sieger von einst:

JAHR	HERREN	DAMEN
1930	Victor Barna	Mária Mednyánszky
1961	Hans Alser	Agnes Simon
1964	Eberhard Schöler	Maria Alexandru
1986	Jan-Ove Waldner	Fliura Bulatowa
2002	Ma Lin	Tamara Boroš
2004	Timo Boll	Niu Jianfeng
2005	Wladimir Samsonow	Cao Zhen
2012	Dimitrij Ovtcharov	Shen Yanfei
2018	Ma Long	Kasumi Ishikawa
2020	Xu Xin	Chen Meng

— DIE IN DIE RÖHRE GUCKEN —

Chris Zschaber und
Michael Heim, ein Architekt
und ein Gartenbauer, entwickelten 2011
eine ganz eigene Variante des Tischtennis. Aus vier
herkömmlichen Tischen bastelten sie eine sechseckige Röhre,
die es ermöglicht, den Ball auch über Banden zu schlagen. Für
Control6, wie sie ihr Spiel tauften, entwickelten sie direkt auch
noch ein paar eigene Regeln. So darf der Ball zum Beispiel ein
Mal auf dem Boden auftitschen oder im Doppel zum Partner
gepasst werden, damit dieser einen Volley schlägt. Trotz aller
Innovation stecken hinter Control6 auch ein paar gravierende
Nachteile: Zum einen sind da die Herstellungskosten und
Transportprobleme für solch eine fragile Röhre.
Und zum anderen wird es da drin wohl
auch schwierig mit einer anstän-
digen Ballonabwehr.

(s. z.B. www.mytischtennis.de/public/fotos/53/panorama-control6--tt-in-der-r-hre/1)

Mit der Machtübernahme Hitlers wurde auch der Tischtennissport »gleichge-schaltet«. Wer nicht in die absurden Rassenvorstellungen der Nazis passte, dem erging es wie dem verdienten Schatzmeister Fritz Zinn und dem Sportwart Herbert Caro. Sie wurden gezwungen, ihren »freiwilligen Rücktritt« einzurei-chen. Im Mai 1933 veröffentlichte der DTTB eine Erklärung zur sogenannten Gleichschaltung des Sports unter der Nazi-Diktatur. In Wirklichkeit handelte es sich um einen Erlass, der alle wegen ihrer Herkunft oder Religion uner-wünschten Spieler aus dem Verband ausschloss. Im Wortlaut:

»Mit Rücksicht auf die Bedeutung des Sportes für die Ertüchtigung des natio-nalen Deutschlands und die dadurch bedingte Gleichschaltung der Sportver-bände haben die bisherigen Vorstandsmitglieder Dr. Caro und Fr. Zinn ihre Aemter niedergelegt. (...) Nachdem die Geschäftsführung des Vorstandes nun-mehr in arischen Händen liegt, sind – sofern es nicht bereits geschehen ist – zu Vorstandsmitgliedern der Bezirke und Verbände nur Arier zu wählen.«

Das DTTB-Amtsorgan in der Nazi-Zeit

FLUCHT NACH ENGLAND

Glücklich der Werdegang des deut-schen Spitzenspielers Heinz Nickels-burg: Der gebürtige Jude hatte bis 1933 29 Länderspiele für Deutschland be-stritten und an vier WM-Turnieren teilgenommen. Vor den Nazis floh er zunächst in die Schweiz und spielte bzw. coachte für die Eidgenossen bei zwei weiteren Weltmeisterschaften. Ende der 1930er dann brachte sich Nickelsburg nach England in Sicher-heit und lebte bis zu seinem Tod im Jahr 2001 unter dem Namen Hilary Nichols in London.

WUSSTEN SIE SCHON, ...

 ... dass das 2001/02 eingeführte Satzende bei 11 gar nicht so neu ist?

In Japan trug man schon in den 1950er Jahren Turniere aus, bei denen bei 11:9 Schluss war.

Der Sohn eines Arztes wurde 1940 in Peking geboren. Nach einem Sieg im Mixed bei den Chinesischen Meisterschaften 1957 spielte er ab 1958 in der Nationalmannschaft. Insgesamt errang er acht Weltmeistertitel, und dabei gelang Zhuang Zedong etwas, das nach ihm niemand mehr schaffte: Er gewann drei Mal in Folge den WM-Titel im Einzel (1961, 1963, 1965). Experten gehen davon aus, dass er auch die folgenden beiden WM-Turniere gewonnen hätte, wenn ihm die vermaledeite »Kulturrevolution« nicht dazwischengekommen wäre. Auch die nationalen Championships beendete er 1964 bis 1966 jeweils als Erster. Zhuang Zedong war ein Penholder-Spieler mit einem Noppen-Außen-Belag. Dementsprechend setzte er auf klassische harte Schüsse statt Topspins. Auch mit der Rückhandseite agierte er deutlich aggressiver als andere Penholder-Spieler, die dort eher auf bloßes Blocken setzten.

Nach seiner aktiven Zeit wurde er chinesischer Sportminister und war in die Ping-Pong-Diplomatie mit den USA involviert (s. S. 134). 1976 wurde er jedoch aufgrund fadenscheiniger politischer Anschuldigungen verhaftet. Vier Jahre lang verschwand Zhuang im Gefängnis, erst 1985 erlaubte ihm das Regime die Rückkehr nach Peking.

Später wurde er Tischtennis-Trainer und eröffnete eine eigene TT-Schule. Wie sein politisches Leben entwickelte sich auch sein privates ungewöhnlich: Denn Zhuang Zedong heiratete 1987, in zweiter Ehe, Sasaki Atsuko. Ausgerechnet eine Japanerin. Er starb am 10. Februar 2013 in Peking.

DIE OLYMPIA-PREMIERE

Während manche Randsportarten wie Synchronschwimmen, Bogenschießen oder der Moderne Fünfkampf längst olympisch waren, musste Tischtennis als weltweit von Millionen betriebenes Spiel lange auf seine Premiere warten. 1981 schließlich nahm das Internationale Olympische Komitee (IOC) Tischtennis in seinen heiligen Kanon auf. Und bei den Olympischen Wettkämpfen 1988 im südkoreanischen Seoul war es dann endlich so weit.

Die Goldmedaillen teilten sich der Ausrichter und China, lediglich Jugoslawien und Schweden konnten mit einer Silber- und zwei Bronzemedaillen dagegenhalten. Von den deutschen Teilnehmern erreichte nur Olga Nemes das Achtelfinale.

Kuriosum am Rande: Nemes und ihre Kollegin Katja Nolten mussten per Speichelprobe einen (Routine-)Geschlechtstest über sich ergehen lassen.

DAS ZEITSPIEL

∎

Die 1937
eingeführte Regel be-
grenzte die Dauer eines Satzes auf
maximal eine halbe Stunde. Die erste Änderung verkürzte diese Spanne noch einmal
um zehn Minuten. Wer zu diesem Zeitpunkt
führte, hatte gewonnen, bei Gleichheit wurde ein
weiterer, der Siegpunkt ausgespielt. Falls jedoch auch
dieser nach weiteren 15 Minuten zu keinem Ergebnis
führte, kam eine knallharte Neuregelung zum Tragen: Die Spieler sollten für zwei Jahre von allen
ITTF-Wettkämpfen ausgesperrt bleiben.
Dieses überharte Gesetz wurde jedoch
– zum Glück – nie
angewandt.

∎

KURIOSE ENTSCHEIDUNGEN

Die WM 1937 war nicht zuletzt wegen der neuen Zeitspielregel reich an kuriosen Entscheidungen. Mal wurden beide Spieler wegen Zeitüberschreitung disqualifiziert, mal wurde ein Match unentschieden gewertet. Das Marathon-Spiel zwischen Trude Pritzi (Österreich) und Angelica Adelstein-Rozeanu (Rumänien) hingegen ging deutlich über die bei drei Gewinnsätzen erlaubten 105 Minuten hinaus und wurde dennoch nicht abgebrochen. Warum? – Angeblich, weil man den Tisch gerade nicht anderswo brauchte.

DIE WECHSELMETHODE

1961

kam die sogenannte Wechselmethode ins Spiel, und zwar immer dann,
wenn ein Satz nach 15 Minuten noch nicht beendet war.
Seit die Sätze nicht mehr bis 21, sondern nur noch bis 11 gehen (2001/02),
gilt folgende Regelung:
Das Zeitspiel beginnt, wenn ein Satz nach zehn Minuten noch nicht beendet
ist und in diesem nicht mindestens 18 Punkte gespielt wurden.
Der Aufschlag wechselt fortan nach jedem Punkt.
Returniert der Rückschläger 13-mal erfolgreich, erhält er den Punkt.
Auch alle weiteren Sätze müssen nach der
Wechselmethode gespielt werden.

Obwohl er 1954 Zweiter bei den nationalen Meisterschaften geworden war, ließ der japanische Verband TOSHIAKI TANAKA (geb. 1935) während der WM im selben Jahr zuhause. Als man ihn im Folgejahr nicht mehr übergehen konnte, holte er sich sofort den Titel im Einzel und mit der Mannschaft. Auch 1957 siegte er im Einzel und holte insgesamt fünf Mal WM-Gold.

Seinen wohl spektakulärsten Sieg errang er im Halbfinale des Mannschaftswettbewerbs bei der WM 1956 gegen Rumänien: Gegen Matei Gantner, den späteren Trainer von Borussia Düsseldorf, lag er im Entscheidungssatz bereits 14:20 zurück, um schließlich doch noch zu gewinnen.

Toshiaki Tanaka starb am 6. Februar 1998, kurz zuvor war er in die ITTF Hall of Fame aufgenommen worden.

Medaille des südkoreanischen TT-Verbandes

• ÖSTERREICHISCHE MEISTER •

Nach dem »Anschluss« von Österreich an Nazi-Deutschland dominierten die Alpenländler das deutsche Tischtennis. Mit Trude Pritzi und Karl Sediwy gingen 1938 beide Einzeltitel nach Wien. Ein Jahr später gewann der Post SV Wien sowohl bei den Damen als auch im Herrenbereich die Deutsche Mannschaftsmeisterschaften. Es sollten für Jahre die letzten sein.

Als erste Sportart überhaupt erlebte das Tischtennis schon im Dezember 1946 seine ersten deutschen Nachkriegsmeisterschaften. Mangels Schlafplätzen nächtigten die meisten Teilnehmer im Heppenheimer »Irrenhaus«, wie man damals noch sagte. Sieger im Einzel: der Münchner Dieter Mauritz und die Düsseldorferin Hilde Bussmann.

──────────────── • EIN KALORIENARMER SPORT • ────────────────

In der Zeit nach dem Zweiten Weltkrieg vollzieht sich im Tischtennissport ein überraschender Aufschwung. Ein möglicher Grund: Mediziner gingen damals davon aus, dass beim Tischtennis deutlich weniger Kalorien verbraucht würden als bei anderen Sportarten. Deshalb sei der Sport auch in Zeiten der Mangelernährung empfehlenswert.

Werbegeschenk
M & M

──────────────── • WUSSTEN SIE SCHON, … • ────────────────

… dass der erste Weltmeister ein Penholder-Spieler war?
   Der Ungar Roland Jacobi (1893 – 1951) siegte bei der WM-Premiere 1926 in London gegen seinen Landsmann Zoltan Mechlovits. Auch dieser, der 1928 gewann, bevorzugte den Penholder-Griff. Mechlovits lag im Endspiel gegen Lazlo Bellak (ebenfalls ein Ungar) bereits 0:2 und 17:20 zurück, bevor er noch 3:2 siegte. Mit seinen damals 37 Jahren ist er zudem der älteste Tischtennis-Weltmeister aller Zeiten.

Von Beginn an stand dem europäischen Shakehand-Stil die vor allem in Asien bevorzugte Penholder-Griffhaltung gegenüber. Diese spaltete sich im Laufe der Zeit in zwei unterschiedliche Spielarten auf:

*Beim japanischen Penholder-Stil
verfügt der Schläger über einen länglichen, eckigen Griff.
Die Finger des Spielers strecken sich lang über die
Rückseite des Schlägers.*

*In China hingegen entwickelte man Rackets mit kurzen,
flachen Griffen, die Finger des Spielers liegen kurz und gebogen
auf der Rückhandseite.*

SCHWAMMGUMMI – HURRA!

Vor der WM 1952 im indischen Bombay hat noch nie ein Japaner eine Medaille errungen. Dieses Mal jedoch treten die Asiaten mit einer Weltneuheit an die Platte: Schwammgummi unter dem Belag sorgt für ungeahnte physikalische Finten beim Schlagen des Balls – die Wörter Schnitt und Effet bekommen eine völlig neue Bedeutung. Während die Konkurrenz staunt und zweifelt, fahren die Japaner erste Erfolge ein: Hiroji Sato siegt im Einzel, und das Damenteam schlägt sensationell die hoch favorisierten Rumäninnen um Rekordweltmeisterin Angelica Adelstein-Rozeanu.

SCHWAMMGUMMI – NEIN DANKE!

Nach den japanischen Siegen waren die Verbände alarmiert. Viele sprachen Verbote aus, so auch 1957 der DTTB. Im Wortlaut: »Als Belag kann nur Noppengummi verwendet werden, mit einer Gesamtbelaghöhe von höchstens 2 mm. Der Noppengummi muß unmittelbar auf das Holz des Schlägers geklebt sein. Außerdem müssen die Noppen nach außen gerichtet sein und dürfen nicht mehr als 50 Stück und nicht weniger als 10 Stück auf dem qcm betragen.«
Wie man heute weiß, konnte sich diese konservative Haltung nicht durchsetzen.

• DEUTSCHLAND – SAARLAND 5:0 •

Zu einer Kuriosität kam es am 16. April 1955 in Utrecht. Denn bei der dortigen WM hatte die deutsche Nationalmannschaft gegen die Vertretung des Saarlandes zu spielen. Hintergrund: Das kleine Bundesland war bis 1947 französisch besetzt und danach politisch autonom. Erst nach einer Volksabstimmung wurde es 1957 der Bundesrepublik angeschlossen.

Bei der WM jedoch hatten die Saar-Herren Hoffmann, Trautmann und Weis gegen ihre deutschen Kontrahenten Freundorfer, Matthias und Seiz keine Chance und verloren mit 0:5. Der einzige Sieg gelang dem Saarland gegen den Libanon (5:4) – man wurde Vorletzter.

• AUFNAHMEGEBÜHR: • 120.000 FRANCS

Nach langwierigen Verhandlungen wird der DTTB 1951 wieder in die internationale TT-Gemeinschaft aufgenommen. Allerdings kostet die Mitgliedschaft die Deutschen

120.000

französische Francs.

Davon soll der im Jahr 1939 in Kairo gewonnene und im Krieg verloren gegangene Coupe Marcel Corbillon reproduziert werden.

• PAARKREUZ STATT MEDEN •

Bis kurz nach dem Zweiten Weltkrieg wurden Mannschafts-Wettkämpfe nach dem vom Tennis übernommenen Meden-System ausgetragen. Gespielt wurden vier Einzel (1 gegen 1, 2 gegen 2 usw.) und zwei Doppel. 1951 jedoch entwickelte die ITTF das Paarkreuz-System, bei dem jeder Spieler auf zwei Einzelmatches kommt. Im Bereich des DTTB wird es ab 1957 obligatorisch.

• DAS MODIFIZIERTE PAARKREUZ •

1989 beschließt der DTTB sodann die Einführung eines leicht modifizierten Paarkreuzsystems. Seitdem wird ein drittes Doppel gespielt, während die beiden Einser-Duos beim Stand von 8:7 das jeweils letzte Spiel eines Matches bestreiten. Vor allem Spieler aus dem unteren Paarkreuz begrüßen diese Regelung, kamen sie doch zuvor selten zum Doppel spielen.

DIE KAISERINNEN

ZUR ERINNERUNG AN DIE

TT-Bezirksmeisterschaft 1980/81

IM OSTSEEBAD RERIK
13./14. DEZEMBER 1980

BFA Tischtennis
Rostock

KFA Tischtennis
Bad Doberan

Wimpel einer DDR-Bezirksmeisterschaft

Was Borussia Düsseldorf bei den Herren, ist der DSC Kaiserberg bei den Damen. Oder besser: war! Denn die Zeit des 1947 als DTC (Duisburger Tennisclub) gegründeten Vereins ist lange vorbei. Aber die Erfolge bleiben. Das Urgestein der seit 1975 eingleisigen Damen-Bundesliga gewann 18-mal die Deutsche Meisterschaft, 15-mal den Deutschen Pokal. Und neben einem Erfolg im Europapokal der Landesmeister stehen zwei Siege im ETTU-Cup zu Buche. Fast immer dabei: Rosemarie Seidel und Agnes Simon, die 1977 von Ursula Hirschmüller (verh. Kamizuru) an Brett 1 abgelöst wurde.

Die Ära des Sportclubs endete 1993 mit dem Abstieg aus der Bundesliga.

PROMINENTE HOBBY-SPIELER: DAGMAR BERGHOFF UND VOLKER RÜHE

Die frühere Tagesschausprecherin DAGMAR BERGHOFF war als 18-Jährige mal ein paar Monate mit VOLKER RÜHE zusammen, dem Verteidigungsminister der Jahre 1992 bis 1998. Kennengelernt hatten sie sich auf einem Tischtennisturnier.

KURZ VOR DEM AUSSTERBEN

Zu Anfang des 20. Jh. erlebte der junge Tischtennissport eine gewisse Stagnation. Es hätte nicht viel gefehlt, und er wäre wieder ausgestorben, behaupten Historiker. Lediglich in britischen Salons ebbte die Modewelle nicht ab.
Und in China! Dort war das Kaiserhaus 1912 endgültig entmachtet worden, und man wendete den Blick nun auch nach Japan und Europa. Eine der ersten modischen Adaptionen war das Spiel mit dem Zelluloidball. Auf besondere Begeisterung stieß es in China, weil es auch als Geschicklichkeitstraining für Kinder genutzt werden konnte.

Seinen ersten Deutschen Meistertitel errang Conny Freundorfer bereits als 15-Jähriger. Danach begründete er eine Ära und gewann neun Mal in Folge. In all diesen Finals sollte er zusammen lediglich zwei Sätze verlieren. Neben insgesamt 20 nationalen Meistertiteln stehen bei diesem Ausnahmetalent 102 Länderspiele und neun WM-Teilnahmen zu Buche. Größter internationaler Erfolg war ein dritter Platz bei der EM 1960.

Aber Conny (Konrad) Freundorfer war nicht nur ein genialer Tischtennisspieler, sondern zudem ein ungewöhnlicher Mensch. Der am 8. November 1936 geborene Münchner galt zeitlebens als kaum berechenbarer Exzentriker. Einige Beispiele für sein ungewöhnliches Auftreten:

→ Beim MTV München erschien der 12-Jährige mit einem Brotbeutel um den Hals und den Worten: »Wo kann ich denn hier gegen den Deutschen Meister spielen?«

→ Schon ein Jahr später wurde er mit der MTV-Mannschaft selbst Deutscher Meister. Vier Jahre später jedoch verließ er den Club: Weil er zu einem Meisterschaftsspiel einfach nicht erschienen war, hatte man ihn vereinsintern gesperrt.

→ Als 14-Jähriger soll Freundorfer gegen seinen Mannschaftskollegen Walter Than (immerhin der amtierende Deutsche Meister) auch trotz einer Vorgabe von zehn Punkten nie verloren haben – jedenfalls dann, wenn es um ein Bier ging.

→ Bei seiner ersten Titelverteidigung trug Freundorfer einen heiß diskutierten Sportanzug aus Seide.

→ Als die DM 1959 in Donaueschingen begann, litt der Abonnement-Meister unter den Folgen einer gerade überstandenen Gelbsucht. Trotz Trainingsrückstand und Entkräftung schleppte er sich von Spiel zu Spiel an die Platte – und gewann seinen siebten Einzeltitel.

→ Als man Freundorfer bei der EM 1962 nicht für das Mannschaftsturnier nominierte, zog er daraus die Konsequenz, auch auf die Individualwettbewerbe zu verzichten.

→ Bei der ohnehin von der »Affaire Ness« überschatteten WM 1965 reiste

Freundorfer vor dem Spiel gegen Ungarn vorzeitig ab. Begründung: Er war unzufrieden mit dem Betreuerstab.

→ Zeitlebens galt »der Conny« als vollkommen beratungsresistent. »Die Analyse der eigenen oder gegnerischen Spielweise war ihm äußerst unangenehm«, berichtete der bayrische Ehrenpräsident Rudi Gruber. Und seine taktischen Bemerkungen zwischen den Sätzen »ließen heutigen Trainern die Haare zu Berge stehen«.

Wie seine Spielweise, so blieb auch Conny Freundorfers Tod rätselhaft. Am 7. Mai 1988 wurde er, 51-jährig, nachts um drei von einem Auto überfahren. Ob der auf einem Fahrrad sitzende Freundorfer die Ampelanlage womöglich bei Rot gekreuzt hatte, konnte nie geklärt werden.

Türschild des ehem. TT-Ladens von Conny Freundorfer

DAS »WUNDER VON HAGEN«

Mit diesem Slogan betitelte die Zeitschrift »Deutscher Tischtennis-Sport« das Finale um die Deutsche Meisterschaft der Herren vom 19. Januar 1969. Eberhard Schöler und Bernt Jansen gehen nach Sätzen von 11:21, 21:11, 19:21 und 21:13 in den entscheidenden Durchgang. Beim Stand von 15:15 zieht Jansen gegen den damals bereits siebenfachen Meister mit 20:15 davon.

Aber Schöler kontert. Zeitspiel bei 21 beide: Schöler versemmelt einen Aufschlag, Jansen unterläuft im Gegenzug ein leichter Schupffehler. Daraufhin macht Schöler den Sack zu und gewinnt mit 24:22. Der trockene Kommentar von »Mr Pokerface«, wie der unerschütterliche Schöler auch genannt wurde, direkt nach dem Match: »Äußerst merkwürdig, dieses Spiel.«

EINE NEUE TISCHTENNIS-NATION

Bei den Weltmeisterschaften im englischen Wembley nimmt 1954 erstmals ein Land teil, das später Geschichte schreiben und so viele Titel erringen sollte wie kein anderes:

CHINA.

Während in England noch jegliche Erfolge ausbleiben, ändert sich das zwei Jahre später in Tokio. Die chinesische Herrenmannschaft belegt dort den dritten Platz.

JAPAN UND CHINA:
BEGINN EINES BRUDERKAMPFES

Die WM 1959 in der Dortmunder Westfalenhalle wird wiederum von den Japanern dominiert, sie erringen die Titel in sechs von sieben Konkurrenzen. Im Herren-Einzel hatte Japan zuvor ausnahmslos gewonnen, wenn das Land angetreten war. Diesmal jedoch geht der Titel erstmals an einen Chinesen: JUNG KUO-TUAN.

TRAURIGES ENDE

Ebenjener Jung Kuo-Tuan siegt auch 1961 mit der Mannschaft. Wenige Jahre später jedoch, während der sogenannten chinesischen »Kulturrevolution«, wurde er der konterrevolutionären Spionage angeklagt, eingesperrt und gefoltert. 1968 entzog er sich dem Terror, gerade einmal 30 Jahre alt, durch Selbstmord.

Abzeichen des Swaithling-Clubs

DIE (VORERST) LETZTE GESAMTDEUTSCHE MANNSCHAFT ...

... tritt bei den Weltmeisterschaften in Stockholm 1957 an die Platte. Der dritte Platz des aus Thüringen stammenden Heinz Schneider darf als Überraschungserfolg verbucht werden.

Wirklich einig waren sich die Funktionäre von DDR und BRD ohnehin nie gewesen, aber die ITTF hatte lange auf ein gemeinsames Team bestanden. Nun jedoch hatten die Betonköpfe gesiegt – jedenfalls bis zur Wiedervereinigung 1990.

DIE MITGLIEDER-ENTWICKLUNG DES DTTB

Jahr	Vereine	Mitglieder
1925	32	3.250
1930	100	8.400
1935	252	15.200
1940	705	30.350
1945	2.454	69.155
1950	3.546	119.285
1955	4.684	169.713
1960	4.944	221.385
1965	5.514	266.407
1970	6.261	348.725
1975	7.850	486.235
1980	8.952	610.413
1985	9.480	701.243
1990	9.774	714.267
1995	10.764	758.579
2000	10.048	707.020
2010	9.436	614.179
2020	9.489	540.965

MASCHINEN-TT

Anlässlich der EM in Schweden 1964 präsentierte der französische Alt-Internationale Alex Ehrlich der Weltöffentlichkeit eine nagelneue Erfindung: den Tischtennis-Roboter. Anfangs vielfach belächelt, setzten sich die Geräte mit der Zeit jedoch durch. Heutzutage bieten TT-Shops rund ein Dutzend verschiedene Modelle an, die sich alle in einem Punkt einig sind: Sie retournieren die Bälle nicht, sondern stoßen immer wieder neue aus. Und geflucht wird auch nicht.

Zum ersten direkten Aufeinandertreffen der nunmehr getrennten Nationalmannschaften kommt es bei der WM 1961 in Peking. Sowohl bei den Herren (5:3) als auch bei den Damen (3:1) haben die Ostdeutschen die Nase vorn. Im Gesamtklassement belegt die DDR später den 4. (Herren) bzw. 7. Platz (Damen), die Westdeutschen landen hingegen auf Rang 7 und 10.

Das einzige weitere Herren-Match der beiden Länder, ein Freundschaftsspiel, hatte bereits 1951 in Leipzig stattgefunden: Die BRD siegte mit 6:3.

──────────────── • BRD – DDR (II) • ────────────────

 Die Damen hingegen hatten es insgesamt sechs Mal miteinander zu tun. Auf das 3:1 für die DDR in Peking 1961 folgten westdeutsche Siege bei den Weltmeisterschaften 1967 und 1969. Hinzu kommen drei Aufeinandertreffen bei Europameisterschaften. Aus BRD-Sicht endeten sie: 3:1 1964, 3:0 1966 und 1:3 1970. Letztere Niederlage setzte es übrigens trotz der Top-Besetzung des westlichen Teams mit Diane Schöler und Agnes Simon.

──────────────── • DER BUNDESLIGA-START • ────────────────

Der
10. September 1966
geht in die TT-Geschichte als

erster Spieltag
der neu geschaffenen Bundesliga ein.

Die zunächst nur acht Mannschaften erhalten Fahrtkostenzuschüsse des DTTB. Erster Bundesliga-Meister wird im Frühjahr darauf die DJK TuSA Düsseldorf, die bis 1967 schon fünf Mal Deutscher Meister gewesen war. Durchgängig an Brett 1: Eberhard Schöler. Mit seinem Abgang zum Lokalrivalen Borussia Düsseldorf im Jahr 1968 endet auch die TuSA-Erfolgsgeschichte.

──────────────── • FRAUEN ZIEHEN NACH • ────────────────

Sechs Jahre nach den Männern dürfen sich auch die Frauen an das Abenteuer Bundesliga wagen. Zunächst zweigeteilt und mit Dreier-Teams, wird die höchste deutsche Spielklasse 1975 auch bei den Damen eingleisig.

DIE ERFOLGREICHSTEN TISCHTENNIS-PAARE

EBERHARD & DIANE SCHÖLER

....

Er | 9-facher Deutscher Meister und 1969 Vize-Weltmeister
Sie | 2-fache Doppel-Weltmeisterin, 20 WM- und 14 EM-Medaillen
Zusammen | 2-fache Deutsche Meister im Mixed

SIEGFRIED & INGRID LEMKE

....

Er | 4 Einzel- und 7 Doppelmeisterschaften in der DDR
Sie | 1 Mal DDR-Doppelmeisterin
Zusammen | 5-fache DDR-Meister im Mixed

TT-Schlumpf,
1980er Jahre

TADELLOSE STATISZTIKA

Der erfolgreichste europäische Damenverein heißt
ꙮꙮꙮ STATISZTIKA BUDAPEST. ꙮꙮꙮ
1954 gegründet, zeichnete sich der Klub von Beginn an durch seine
exzellente Jugendarbeit aus. Die Früchte dieses Wirkens: sage und schreibe
25 Siege im Europapokal der Landesmeister (ab 2001: Champions League).
Zwischen 1976 und 1986 gewann man in diesem Wettbewerb sogar elf
Mal in Folge. Immer beteiligt:
Judit Magos, die sechsfache Europameisterin aus Budapest.

TRUDE PRITZI,
*1920-1968, Österreicherin, die
nach dem »Anschluss« Österreichs
durch die Nazis zeitweise für
Deutschland spielte, mehrfache
Weltmeisterin*

DIANE SCHÖLER,
*ursprünglich Engländerin,
zigfache Welt-, Europa- und
Deutsche Meisterin*

AGNES SIMON,
*geb. 1935, ursprünglich Ungarin,
zigfache Welt-, Europa- und
Deutsche Meisterin*

MARTA HEJMA,
*geb. 1947, ursprünglich
Tschechin, Deutsche und
mehrfache Europameisterin*

JING TIAN-ZÖRNER,
*geb. 1963, ursprünglich Chinesin,
u. a. French-Open-Siegerin*

JIE SCHÖPP,
*geb. 1968, ursprünglich Chinesin, mehr-
fache Europameisterin*

OLGA NEMES,
*geb. 1968, ursprünglich Rumänin,
mehrfache Europa- und
Deutsche Meisterin*

QIANHONG GOTSCH,
*geb. 1968, ursprünglich Chinesin,
Europameisterin und mehrfache
europäische Top-12-Gewinnerin*

ZHENQI BARTHEL,
*geb. 1987, ursprünglich Chinesin,
mehrfache Deutsche Meisterin*

Im Gegensatz zu vielen anderen ausländischen Spielerinnen stammt Zhenqi Barthels Nachname nicht von einem deutschen Ehemann, sondern von den Adoptiveltern.

Agnes Simon sticht aus dieser Auflistung insofern heraus, als sie zwischenzeitlich sogar noch für einen dritten, nämlich den niederländischen Verband antrat.

Japanischer
Poststempel vom
11.9.2010

Wie man sieht, wurde das Mittel der Einbürgerung zur Vermehrung des sportlichen Erfolgs auch früher schon genutzt. Inzwischen geht der Trend eindeutig zur eingebürgerten (bzw. angeheirateten) Asiatin. Im Achtelfinale der Damen-Europameisterschaft 2010 standen u. a.:

Shen	*Spanien*	Li	*Holland*
Wu	*Deutschland*	Xu	*Polen*
Li	*Polen*	Liu	*Österreich*
Zhu	*Spanien*	*und*	
Hu	*Türkei*	Ni	*Luxemburg*

Zhu, Hu, Xu und Liu kamen eine Runde weiter,
Shen, Wu, Li, Hu, Li und Ni schieden aus.

• DIE GRÖSSTEN SPIELER ALLER ZEITEN: • SHIGEO ITO

In die deutschen TT-Annalen ging der 1945 geborene SHIGEO ITO 1969 ein, als er den ersten deutschen WM-Einzeltitel verhinderte. Trotz eines 0:2-Satzrückstandes bezwang er noch den Defensivspezialisten Eberhard Schöler.
Ito bevorzugte den Penholder-Stil. Verrückterweise hatte er zunächst als Linkshänder begonnen, um sein Spiel dann auf die rechte Seite umzustellen. 1969 in München gewann er außerdem den Titel mit der Mannschaft, zwei Jahre später unterlag er im Finale überraschend dem 18-jährigen Schweden Stellan Bengtsson. Eine Eigenart des Japaners bestand darin, seine Karriere durchweg ohne Trainer zu bewältigen.

• WUSSTEN SIE SCHON, ... •

... dass Tischtennisnetze ursprünglich, also ab 1924, nicht 15,25, sondern 17,5 cm hoch waren?
Die Reduzierung von sieben auf sechs englische Inches wurde erst 1936 anlässlich der WM in Prag beschlossen. Der Grund: Die tieferen Netze sollten zu aggressiverem Spiel motivieren und somit die öden, manchmal über Stunden gehenden Mammutmatches zwischen Abwehrspielern beenden. Nicht durchsetzen konnte sich hingegen der Antrag, die Tischgröße auf 2,90 mal 1,63 m zu erweitern. Stattdessen wird jedoch einige Monate später das Zeitspiel eingeführt.

Der »Große Vorsitzende«, wie der kommunistische Führer weltweit genannt wurde, erklärte Tischtennis zum chinesischen Nationalsport. Kein Wunder, dienten die Siege seiner Sportler doch stets zugleich als Aushängeschilder für das kommunistische System. Mao schrieb einst: »Stell dir vor, der Tischtennisball sei der Kopf deines kapitalistischen Feindes. Schlag ihn mit deinem sozialistischen Schläger, und du hast einen Punkt für dein Vaterland gemacht.«

Historisches
Seidenbild,
China

KOHLE, CASH, KOMMERZ

RUDI GRUBER, Sportwart des DTTB, formuliert kurz vor Einführung der TT-Bundesliga 1966 die in diese gesetzten Hoffnungen:

»Niemand kann heute schon sagen, ob dieser Schritt den erwarteten sportlichen Gewinn bringen wird. Aber der Sport lebt vom Wagnis (...). Auf einige Auswirkungen werden wir allerdings sorgsam achten müssen: Kommerzielle Einflüsse müssen von der Bundesliga ferngehalten werden.«

ABLÖSEGELDER BEI VEREINSWECHSELN

Die unaufhaltsame Kommerzialisierung des TT-Sports führt 1973 zu ersten Reaktionen des Verbandes. Um die häufigen Vereinswechsel zu reduzieren, werden Ablösegelder für den abgebenden Verein beschlossen. Zugleich weist der DTTB alle Professionalisierungstendenzen in die Schranken: »Finanzielle oder materielle Zuwendungen« für die wechselnden Spieler bleiben strikt verboten. Obwohl das deutsche Tischtennis seinerzeit meilenweit hinter der Weltspitze hinterherhinkt, ist auch jegliche Werbung weiterhin untersagt. Eine Folge: 1975 steigt das Team des DTTB nach einer 2:5-Niederlage gegen Ungarn erstmals aus der Europaliga ab.

AUSLÄNDERKLAUSELN

Zur DM in Böblingen 1981 beschließt der Verband, künftig nur noch einen Ausländer pro Mannschaft zu erlauben. Schon seit Jahren wird in der Bundesliga wegen der »Überflutung« durch ausländische Spieler lamentiert. Natürlich steht auch diese Diskussion wieder in Zusammenhang mit der befürchteten Kommerzialisierung des Sports.

RHÖNSPRUDEL, LIEBHERR & CO.

Nach jahrelangen Querelen und mehr oder weniger verlogenen Diskussionen beschließt die Bundeshauptversammlung des DTTB im Jahr 1985 in Mainz die Freigabe von Werbung.

BOSMAN

Das Bosman-Urteil zur freien Berufswahl auch von Spitzensportlern innerhalb der Europäischen Union wirkte sich auch auf die Tischtennis-Bundesliga aus. 1995 verkündet, kamen zum Saisonstart 1996 43 von 72 Spielern der höchsten deutschen Liga aus dem Ausland.

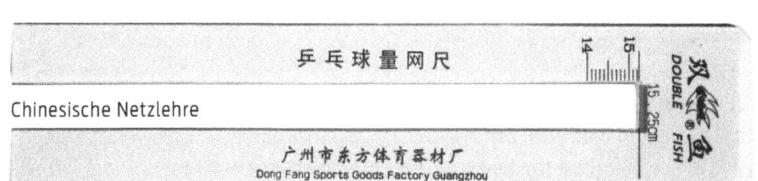

Chinesische Netzlehre

Mit Borussia Düsseldorf kann sich kein anderer deutscher Verein messen. Der 1949 als Teil eines Polizeisportvereins gegründete Klub startete seinen Siegeszug mit der Eingemeindung des Serienchampions Eberhard Schöler 1968. Seitdem gewannen die Rheinländer eine inzwischen beinahe unüberschaubare Anzahl von Titeln, darunter

33 Deutsche Meistertitel

28 Mal den Deutschen Pokal

13 Mal die Champions League
(bzw. deren Vorläufer, den Europapokal der Landesmeister)

4 Mal den ETTU-Cup

———————— • DIE BERÜHMTESTEN SPIELER • ————————

Zu den prominentesten (Ex-)Spielern der Borussia gehören u. a.:

EBERHARD SCHÖLER | WILFRIED MICKE | WILFRIED LIECK | JOCHEN LEISS | DESMOND DOUGLAS | CHARLY SCHOLL | RALF WOSIK | JÖRGEN PERSSON | STEFFEN FETZNER | JÖRG ROSSKOPF | WLADIMIR SAMSONOW | MICHAEL MAZE | CHRISTIAN SÜSS | TIMO BOLL | DIMITRIJ OVTCHAROV

———————— • 6 AUS 49 • ————————

Können Tischtennisbälle reich machen? –
Ja, durchaus!

Aber es kommt eben auf die richtige Kombination an. Die Kugeln der deutschen Lotto-Ziehung sind letztlich nichts anderes als Tischtennisbälle, mit ein paar kleinen Unterschieden allerdings: Während die Sportkugel 2,7 g wiegt (plusminus 0,3 g), bringen die Glücksbälle zwischen 3,2 und 3,3 g auf die Waage. Einmal pro Jahr wird das Gewicht vom Eichamt kontrolliert.
Ein weiterer Unterschied zwischen Sport und Glücksspiel: Lottokugeln werden großflächiger ausgezeichnet. Einstellige Lottozahlen werden 15 Mal, zweistellige 12 Mal bedruckt, um zugleich gut sichtbar und gleich schwer zu sein. Identisch hingegen ist der Durchmesser von 40 mm.

Am 17. und 18. März 1990 traf sich die TT-Elite der DDR zu ihrer letzten nationalen Meisterschaft. Die Mauer war bereits im Vorjahr gefallen, die Wiedervereinigung stand vor der Tür. Bei den Herren siegte – zum sechsten Mal – Uwe Lindenlaub von der BSG Glückauf Bleicherode. Den Damen-Wettbewerb entschied – zum fünften Mal – Anke Heinig von der BSG Lokomotive Leipzig-Mitte für sich.

Beide gingen nach der Wende zu Westvereinen und spielten erfolgreich in den höheren deutschen Spielklassen.

──────────• **STAATENLOSE SPORTLER** •──────────

Mit der Wiedervereinigung am 3. Oktober 1990 war die DDR Geschichte. Aber obwohl ihr Staat nicht mehr existierte, setzten die Tischtennisspieler der ostdeutschen Ligen ihre gerade begonnene Saison konsequent fort. So wurden die BSG Elektronik Gornsdorf (Herren) und die BSG Lokomotive Leipzig-Mitte (Damen) Meister eines Landes, das auf keiner Karte mehr zu finden war. Immerhin zeigte sich der DTTB generös genug, die Meister sowie ihre Vizen in die zweite gesamtdeutsche Liga einzugliedern.

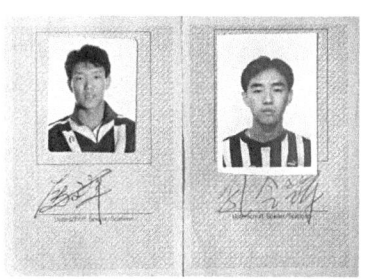

Spielerpässe für die deutsche Bundesliga der Olympiasieger Ma Wenge und Kong Ling Hui

──────────• **550.000 TISCHTENNISBÄLLE** •──────────

.... Um eine Schneelawine zu simulieren, ließ eine japanisch-britische Forschergruppe 550.000 Tischtennisbälle eine Sprungschanze herunterrollen. Mithilfe von Kameras und Luftdruckmessern entwickelten die Wissenschaftler 2004 eine komplizierte mathematische Rechnung, die das Lawinenverhalten kalkulierbarer machen sollte. Und warum ausgerechnet Tischtennisbälle? – Ein Großteil des Pulverschnees erhebt sich bei einer Lawine in die Luft und fliegt vor dieser her. Und weil Tischtennisbälle so leicht sind, passiert bei ihnen genau das Gleiche. ....

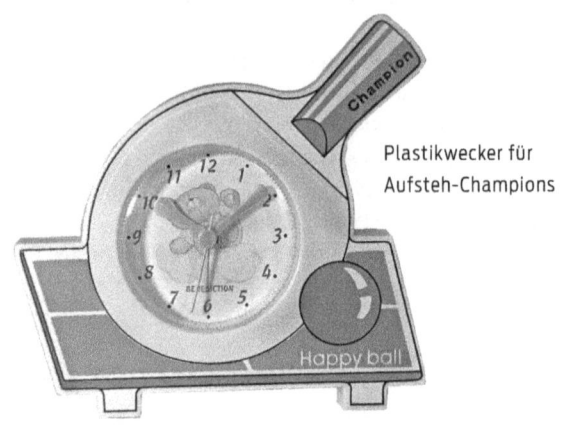

Plastikwecker für
Aufsteh-Champions

DAS ERSTE EUROPE TOP-12 RANGLISTENTURNIER

Der renommierte Wettbewerb wurde erstmals 1971 in Zadar/Jugoslawien ausgetragen. Die damalige Abschlusstabelle:

1. I. Jonyer (HUN)	7. M. Karakasevic (YUG)
2. A. Stipancic (YUG)	8. M. Orlowski (TCH)
3. D. Surbek (YUG)	9. W. Lieck (FRG)
4. S. Bengtsson (SWE)	10. I. Korpa (YUG)
5. J. Secretin (FRA)	11. S. Kollarovits (TCH)
6. K. Johansson (SWE)	12. Z. Cordas (YUG)

DER ERSTE BÖLLER

Während die Damen bereits früher erfolgreich waren (1983, 1994, 1999, 2000, 2003 und 2004), musste Deutschland bei den Herren bis zum Jahr 2002 auf den ersten Top-12-Sieg warten. Das Endergebnis:

1. T. Boll (GER)	7. J.-M. Saive (BEL)
2. W. Samsonow (BLR)	8. D. Heister (NED)
3. D. Eloi (FRA)	9. T. Kreszewski (POL)
4. P. Chila (FRA)	10. T. Keen (NED)
5. P. Karlsson (SWE)	11. W. Schlager (AUT)
6. L. Blaszczyk (POL)	12. P. Korbel (CZE)

Timo Boll gewann außerdem 2003, 2006, 2009 und 2010.

»Was heißt denn ›zur Ruhe setzen‹? Das ist doch so ein Beamtendenken. Was bleibt dann noch? Dann verfällt doch wirklich alles inklusive der paar grauen Zellen, die mir da oben noch geblieben sind. Sehen Sie, mein Freund Henry Miller hat mich noch mit 72 Jahren mit einer Gauloise im Mund derart deutlich im Tischtennis geschlagen, dass ich heute noch weine.«

Dies sagte die deutsche Chanteuse und Schauspielerin Hildegard Knef (1925–2002). Und das Schicksal, gegen den ehemaligen Skandalschriftsteller Miller (»Sexus«, »Wendekreis des Steinbocks«) zu verlieren, teilt sie mit anderen. So umgarnte er beispielsweise seine spätere Frau Hoki Tokuda Miller in einem Brief aus dem Jahr 1966 folgendermaßen:

> *»Liebe Hoki,*
> *nur ein kleiner Gruß, damit Sie wissen, daß ich an Sie denke.*
> *Wenn Sie am Samstagnachmittag nichts vorhaben und*
> *Lust auf Tischtennis haben, dann kommen Sie doch gegen*
> *drei zu Frank Tashlin.*
> *Ihnen und Ihrer Schwester alles Gute!«*

Miller (1891–1980) galt zeitlebens als geradezu besessener Tischtennisspieler. Weilte er bei seinem deutschen Verlag in Hamburg, forderte er den Chef Ledig-Rowohlt heraus. Bei den Filmfestspielen in Cannes überschattete seine TT-Leidenschaft gar die Siegerwahl. George Simenon, 1960 Vorsitzender der Jury, beschreibt in seinen Memoiren, wie er den umstrittenen Film »La Dolce Vita« gegen die Vorlieben von Veranstalter und Publikum zum knappen Sieger kürte: Mit der Stimme des völlig gleichgültigen Henry Miller, der lieber Tischtennis spielte, als sich die Wettkampf-Filme anzusehen.

• ERSTES WM-GOLD •

Den ersten deutschen Titel bei einer Weltmeisterschaft holte 1929 das Doppel ERIKA METZGER / MONA RÜSTER (1901–1976). Letztere wurde zudem 1931 Vizeweltmeisterin im Einzel und gewann drei Jahre danach Gold mit der Mannschaft. Der Erfolg von 1929 bedeutete einen großen Aufschwung für das deutsche Tischtennis, zahlreiche neue Vereine schossen aus dem Boden. All das ist jedoch lange her und leider so schlecht dokumentiert, dass nicht einmal Erika Metzgers Lebensdaten bekannt sind.

a) Gleichfarbige Beläge..

Auf dem Kongress der ITTF 1983 beschloss das Gremium, dass TT-Beläge ab dem kommenden Jahr zweifarbig zu sein haben. – Warum?
Die Schwamm- und Gummi-Industrie hatte mittlerweile Beläge unterschiedlichster Eigenschaften entwickelt. Und die Spieler waren auf die Idee gekommen, den Schläger kurz vor dem Aufschlag oder gar während des Ballwechsels zu drehen. Die Folge: Spin und Geschwindigkeit des Balls änderten sich für den Gegner auf unvorhersehbare Weise, zahllose leichte Fehler machten die Matches zunehmend unansehnlich. Am verheerendsten übrigens wirkte die Kombination Spinbelag auf der einen – lange Noppen auf der anderen Seite.

b) Hören statt sehen..
Damit der Gegner noch nicht einmal hören konnte, mit welchem Belag serviert wurde, erfand man das Aufstampfen beim Aufschlag. Die Unsitte wurde ebenfalls verboten, später allerdings leider wieder erlaubt.

c) Farbnuancen...
Weil jede Regellücke früher oder später von irgendwem ausgenutzt wird, experimentierten einige Spieler schon bald nach den neuen Verboten mit zwar verschiedenen, aber ähnlich aussehenden Farben. Beliebt waren etwa die Kombination orange/rot oder dunkelbraun/schwarz.

d) Strikte Zweifarbigkeit..
Seit dem 1. September 1984 sind nun »deutlich zweifarbige« Beläge vorgeschrieben. Ein Jahr später ging man noch einen Schritt weiter und reduzierte die Palette auf rot und schwarz. Seit dem 1. Oktober 2021 sind wieder mehrere Farben erlaubt.

• 5:5 GLEICH 0:0 •

Beim EUROPEAN MASTERS CUP 1992
in Karlsruhe begann man die Sätze mit dem
Stand von 5:5. Das bedeutet de facto, dass
ein Satz dieses Turniers nicht bis 21, sondern bis
16 ging. Das Experiment war umstritten, aber
richtungweisend: Wenige Jahre später schon
wurden die Sätze auf elf Siegpunkte reduziert.
Aber ob längere oder kürzere Einheiten: In
Karlsruhe gewann der, der damals alles gewann:
JAN-OVE WALDNER.

Erstmals in der Saison 1984/85 wurden der Deutsche Meister und die Absteiger durch eine Playoff-Runde ermittelt. Während Bayreuth und Hamm eine Etage tiefer wanderten, standen sich im Finale der amtierende Meister ATSV Saarbrücken und Borussia Düsseldorf gegenüber. An Nummer 1 der Saarländer: Tischtennislegende Jan-Ove Waldner aus Schweden.

Nachdem die Saarländer auswärts bereits 9:5 gesiegt hatten, konnten sie vor dem Rückspiel eigentlich bereits den Sekt kaltstellen. Aber Düsseldorf um Desmond Douglas und Ralf Wosik egalisierte das Ergebnis nach großem Kampf. Der letztlich jedoch nicht belohnt wurde: Bei gleicher Spieldifferenz gab das bessere Satzverhältnis von 37:33 den Ausschlag für die Saarbrücker.

---● **DAS JAHR DES ATSV SAARBRÜCKEN** ●---

Das Jahr 1985 geht als das mit Abstand erfolgreichste des saarländischen Spitzenvereins in die Annalen ein. Herren und Damen gewinnen sowohl die Meisterschaft als auch den Pokal. Die ATSV-Spitzenkräfte Georg Böhm und Susanne Wenzel stehen ganz oben bei den Bundesranglistenturnieren und erringen zudem vier Titel bei den Deutschen Meisterschaften.

Aufnäher des litauischen TT-Verbandes

HERREN	EINZEL	DOPPEL	MIXED
Heinz Schneider	6	6	4
Helmut Hanschmann	3	4	3
Siegfried Lemke	4	7	7
Bernd Raue	4	8	5
Norbert Drescher	3	2	4
Dieter Stöckel	4	5	0
Andreas Mühlfeld	3	2	2
Uwe Lindenlaub*	3	0	3

DAMEN	EINZEL	DOPPEL	MIXED
Astrid Horn	4	1	1
Hannelore Hanft, verh. Gießler	1	5	6
Liane Rödel	3	1	1
Isolde Woschee	2	0	0
Sigrun Kunz	3	4	2
Gabriele Geißler	9	9	3
Karin Kromnik	2	2	0
Dagmar Mestchen	2	3	0
Conny Sauermann, verh. Reichert	5	1	3
Anke Heinig*	2	3	0

* Letzte/r DDR-Meister/in 1990

1998 ist das Jahr, das am eindrücklichsten den Übergang von der Ära Roßkopf zu der des Timo Boll beschreibt. Roßkopf gewinnt mit dem deutschen Team den letztmalig ausgetragenen European Nations Cup, er siegt mit Düsseldorf im Europapokal der Landesmeister, wird EM-Sieger im Doppel und im Oktober schließlich sensationell World-Cup-Sieger in Shantou.

In seinem Schatten jedoch taucht in diesem Jahr ein junger Mann aus dem Odenwald auf, der drei Titel bei der Jugend-EM erringt (Einzel, Doppel, Mannschaft) und Jörg Roßkopf nach zehn Nominierungen in Folge als TT-Spieler des Jahres ablöst. Zu einem direkten Aufeinandertreffen der beiden bei der Deutschen Meisterschaft in Saarbrücken kommt es jedoch nicht. Der Newcomer siegt in Abwesenheit des Routiniers und feiert zeitgleich seinen 17. Geburtstag.

Ältere Spieler erinnern sich an Zeiten, da mancher Sportsmann nach jedem noch so kurzen Pünktchen zum Handtuch lief, um beim Gegner nur ja keinen Spielfluss aufkommen zu lassen. Dieser Unsitte wurde erstmals 1986 ein Riegel vorgeschoben. Auf Antrag des deutschen Verbandes beschloss die ITTF, Handtuchpausen nur noch beim Aufschlagwechsel zuzulassen – also gemäß damaliger Regellage nach jedem fünften Punkt.

Heutzutage ist erst nach jeweils sechs Punkten der Griff zum Handtuch erlaubt – und das, obwohl die Sätze inzwischen nur noch halb so lang sind. Wer durch Spielverzögerung nerven will, findet natürlich trotzdem seine Mittel und Wege.

• FLACHE HAND AUF STEILE HAND •

Eine neue Möglichkeit, um sich nach einer Schwächephase neu zu sammeln, räumte die ITTF bei ihrem Treffen 1999 ein. Seit dem 1. September des Jahres darf jeder Spieler irgendwann im Laufe des Matches eine Auszeit von maximal einer Minute nehmen. Zunächst nur international getestet, wurde die Regel bald verallgemeinert.

Bierbembel,
Deutschland,
letztes Jahrtausend

• JAHRE OHNE DOPPEL •

Ab dem Jahr 1932 heißen die bisherigen »Bundesspiele« ganz offiziell »Deutsche Meisterschaften«. Vielleicht liegt es an falsch verstandener Institutionalisierung und Seriosität, dass man gleichzeitig zu einem seltsamen Entschluss kommt: Ab sofort werden keine Doppelwettbewerbe mehr veranstaltet. Aufgehoben wird dieser den Sport verarmende Unsinn erst wieder 1940.

Französischer Pin

• TT IST KEINE PRIVATANGELEGENHEIT! •

Als der DDR-Verband 1954 einen neuen, linientreuen Vorstand installierte, begründete er das mit den folgenden betonharten Worten:

»Sportliche Erfolge in nationalen und internationalen Wettkämpfen zu erringen, ist keine Privatangelegenheit der Sportler mehr. Jeder Sieg unserer Sportler steigert das Ansehen der DDR, des ersten Arbeiter- und Bauernstaates in Deutschland. Durch sportliche Siege können wir einen entscheidenden Beitrag zur Erhaltung des Friedens und zur Wiederherstellung der Einheit Deutschlands leisten. Es ist unsere Hauptaufgabe, die Führung im deutschen Tischtennissport zu übernehmen.«

• DER »LEISTUNGSSPORTBESCHLUSS« •

15 Jahre später jedoch kam der große, für das DDR-Tischtennis verheerende Schwenk. Während ihrer gesamten Existenz versuchte die DDR, ihr internationales Renommee durch sportliche Erfolge zu verbessern. Weil dafür jedoch in dem realsozialistischen Staat nicht genügend Geld vorhanden war, konzentrierte man sich auf einige Aushängeschilder. Tischtennis jedoch gehörte nicht dazu. Trotz zahlreicher Erfolge etwa bei den Nachkriegs-Europameisterschaften erklärte der »Leistungssportbeschluss« vom April 1969 den Tischtennissport für »nicht förderungswürdig«. Alle gewachsenen Strukturen und Traditionen verkümmerten daraufhin. Nach der EM 1972 nahm die DDR an keinem einzigen EM- oder WM-Turnier mehr teil.

• DIE WIEDERVEREINIGUNG •

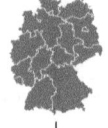

Wie das gesamte Land, so feierte auch der Tischtennissport im Jahr 1990 seine Wiedervereinigung. Der ostdeutsche DTTV löste sich zum Jahresende auf, der DTTB wuchs um sechs neue Landesverbände. Im März darauf fanden dann in Bayreuth die ersten gesamtdeutschen Meisterschaften seit 35 Jahren statt.

Bengtsson, 1952 geboren, wurde bereits mit 18 Jahren Profi. Was heute für junge Europäer gang und gäbe ist, praktizierte der Schwede schon Anfang der 1970er: Er ging nach Asien (in seinem Fall: nach Japan), um dort mit den besten Sparringspartnern der Welt und unter optimalen Bedingungen zu trainieren.

Tennis de table
Stellan Bengtsson

Die Mühe fern der Heimat sollte sich für den kleinen Linkshänder auszahlen: Schon ein Jahr später wurde er Weltmeister im Herreneinzel, wobei er im Endspiel den Japaner Shigeo Ito schlug, mithin den Titelverteidiger. 1973 siegte er noch ein Mal mit der Mannschaft und im Doppel mit Kjell Johansson. Zudem ist Stellan Bengtsson mehrfacher Europameister, und er gewann zwei Mal das Top-12-Turnier (1973 und 1980). Ab 1980 spielte er auch mehrere Jahre für verschiedene Vereine in der ersten deutschen Bundesliga.

• DENKMAL FÜR EINEN TT-SPIELER •

Drei schwedische Rotary Clubs hatten 2003 die Idee, den ersten Tischtennis-Weltmeister des Landes mit einer Statue zu würdigen. Eine halbe Million schwedische Kronen wurde gesammelt, damit die Künstlerin Martina Falkehag Finn mit der Arbeit beginnen konnte. Wie Bengtsson stammt sie aus Falkenberg an der schwedischen Westküste. Am 19. April 2006 war es dann soweit: Die Bronzestatue wurde mit einem feierlichen Akt im Falkenberger Rathaus eingeweiht.

• DEM DRUCKERSTREIK SEI DANK •

Die EM im eigenen Land 1978 verlief für das deutsche Team verheerend. Statt nach Medaillen zu greifen, landeten beide Mannschaften nur auf Platz 8. Dass die öffentliche Kritik sich dennoch in Grenzen hielt, lag an den Druckereien: Im Rahmen eines Tarifkonfliktes wurde fünf Tage lang gestreikt, bundesweit erschien keine einzige Zeitung.

OB JIMI HENDRIX ODER TIMO BOLL: ALLE BRAUCH(T)EN ZELLULOID

Tischtennisballe wurden (und werden zum Teil noch immer) aus Zelluloid hergestellt, das wusste schon jeder Nachwuchsspieler, der mit der Nase gerade über die Tischkante kam.

Aber was ist das eigentlich: Zelluloid?

Zum ersten Mal hergestellt wurde der Kunststoff 1856. Den Wissenschaftlern dieser Zeit ging es nicht zuletzt darum, ein preiswertes Ersatzmaterial für das Elfenbein von Billardkugeln zu entwickeln. Aus Zelluloid gefertigt wurden bis ins 20. Jh. hinein jedoch auch Alltagsgegenstände wie Kämme und Kugelschreiber. Zudem kam der Werkstoff bei der Herstellung von Filmmaterial zum Einsatz. Leicht entzündlich, wie er ist, wurde er später aus den Kinos verbannt.

Chemisch betrachtet handelt es sich bei Zelluloid (auch Zellhorn genannt) um eine Zusammensetzung aus Nitrozellulose, Campher, Farbstoff, Ethanol und einigen weiteren Ingredienzien. Und wer das Material in einen besonders hippen Zusammenhang stellen möchte, der betrachte das bis heute wichtigste Endprodukt: Plektren für Gitarristen.

PROMINENTE HOBBY-SPIELER: SUSAN SARANDON

Die seit Jahrzehnten hochverehrte Schauspielerin (»The Rocky Horror Picture Show«) ist so etwas wie die Fahnenträgerin der amerikanischen Tischtennis-Renaissance. In zahllosen Interviews beschwor sie die Faszination dieses Sports: »Tischtennis ist wie eine Droge, nach ein paar Versuchen willst du es jeden Tag wieder.«

Sarandon behauptete lange von sich, dass sie durchaus mit einem Bezirksliga-Spieler mithalten könne. In ihren Sechzigern hielt sie es für einen großen Vorteil, dass Tischtennis Geschlechter- und Altersgrenzen überschreite. »Kleine Mädchen können 35-jahrige Muskelmänner besiegen. Es ist eine der wenigen Sportarten, bei der Mädchen und Jungen und Männer und Frauen auf derselben Ebene sind.« – Und zumindest auf Amateur-Ebene kann man das ja zweifellos unterschreiben. Andererseits gestand die Ex-Frau von Tim Robbins jedoch auch, dass ihre Mittel eher begrenzt seien: »Ich bin nicht so gut. Ich bin eher eine Ping-Pong-Propagandistin als Ping-Pong-Spielerin. Ich erschaffe gerne eine Spiel-Atmosphäre für die anderen, und in unserem Klub, SPiN, ist da dieses unglaubliche, gemischte Publikum – alle möglichen Leute.«

Um das Jahr 2008 herum häuften sich die Berichte, die von einem neuen Trendsport in den hippen Vierteln von US-Metropolen wie Los Angeles und New York erzählten. Wo vorher Billardkugeln gestoßen wurden, standen plötzlich schlichte grüne Tische, und an der Bar konnte man sich statt Queues kleine schaumgummibezogene Schläger ausleihen. Eine »evangelische Liebe« für das Table Tennis sei entflammt, schrieb die »New York Times«. Und was in ein paar schummrigen Pool-Kneipen begann, habe sich inzwischen wie ein Lauffeuer ausgebreitet. Im feinen New Yorker Flatiron District öffnete 2009 gar der erste Ping-Pong-Nachtclub der Welt seine Pforten. Das von Susan Sarandon eröffnete Lokal trägt den Namen SPiN und wartet mit Profitischen auf. Inzwischen ist es zu einer Kette gewachsen, in der sich auch Stars wie George Clooney, Scarlett Johansson und Mel Gibson die Ehre gaben, um eine Runde zu spielen.

Der Frauenschwarm Clooney hatte seinen Erstwohnsitz lange am Comer See in Italien. Angeblich schnitten die Paparazzi regelmäßig Löcher in den Zaun seines Anwesens, um ihn beim Tischtennis ablichten zu können.

Und deshalb stehen Tischtennis-Tische inzwischen auch am Set mancher Hollywood-Produktion. Nicht nur der Schauspieler Owen Wilson ist ganz begeistert von diesem »faszinierenden Sport«, mit dem man so »schnell, locker und spaßig« selbst die langweiligste Drehpause überbrücken könne. Auch der US-amerikanische Tischtennis-Verband freut sich über den gewachsenen Zuspruch. Jetzt fehle nur noch eines, heißt es dort: ein echter TT-Star, der der Sache auch einen spitzensportlichen Kick verpasst.

Pin zu den Olympischen Spielen 2008 in Peking

Der 1943 in Chicago geborene Fischer gilt als eines der größten Genies der Schachgeschichte. Zwischen 1972 und 1975 war er der amtierende Weltmeister. Legendär ist sein Sieg gegen Boris Spasski 1972. In Zeiten des Kalten Krieges ging es nicht nur um den Titel, sondern zugleich um einen Kampf der Systeme: USA gegen Sowjetunion, Kapitalismus gegen Kommunismus.

Wie viele Genies, so war auch Bobby Fischer (gest. 2008) ein Wahnsinniger. Seinen WM-Titel schenkte er 1975 ab, indem er gegen seinen Herausforderer Karpow nicht antrat. Ähnlich aggressiv wie beim Schach ging er auch an der Tischtennisplatte zu Werke. »Er spielte wie der Teufel«, sagte ein Bekannter über ihn. »Er war angriffslustig und immer nahe dran, seinem Gegner an die Gurgel zu gehen. Er war ein Killer, ein erbarmungsloser, gewissenloser, kaltblütiger Kastrator.«

Fischer selbst gestand dem Tischtennis gewisse Parallelen zum Schach zu. Und in mancher Hinsicht siedelte er diesen Ballsport sogar höher an als das Strategiespiel: »Tischtennis ist wie ein 100-Meter-Lauf, während dem man gleichzeitig Schach spielt«, hat er einmal gesagt.

• UNGEBÜGELTE SPORTKLAMOTTEN •

Als die sogenannte Affäre Ness ging ein Vorfall von 1964 in die deutschen TT-Annalen ein. Nach der Europameisterschaft in Malmö wurde Martin Ness (1942–1987) wegen »unkameradschaftlichem und disziplinlosem Verhalten« aus der deutschen Equipe ausgeschlossen.
Offizielle Begründung des DTTB:
Ness habe seine nationalen Sportklamotten verspätet und in unordentlichem Zustand zurückgegeben. Der DTTB-Vorstand und der Sportausschuss des Verbandes stritten sich sodann bis aufs Blut um die Kompetenzen. Vier von sieben Ausschussmitgliedern traten zurück, zudem wurde mehreren freien Autoren des dts gekündigt, die kritisch über den Vorfall berichtet hatten.

Der Mannschafts-Vizeweltmeister bestritt 65 Spiele für Deutschland. Drei Mal unterlag er im Endspiel um die Deutsche Meisterschaft (1965 und 1967 gegen Eberhard Schöler, 1973 gegen Wilfried Lieck), vier Mal gewann er dort den Doppel-Wettbewerb. 1969 stand er mit der Mannschaft im WM-Finale. Ness spielte zeitweise mit einem Antitop-Belag, den er mit einem 2,5 mm dicken Offensivschwamm unterlegte. Der passionierte Bergsteiger starb am 12. Oktober 1987, als ihn zwischen Augsburg und Ulm ein Zug erfasste.

Silbermedaille der WM 1989, Gewinner: Teng Yi, China

● DER Ü-BEREICH ●

Tischtennis kann man – im Gegensatz zu vielen anderen Sportarten – auch noch im hohen Alter betreiben. Um dieser Tatsache sowie dem anhaltenden Ehrgeiz der Senioren Rechnung zu tragen, gibt es seit 1980 nationale Meisterschaften im Ü-Bereich. Eingeteilt nach Altersklassen messen sich hier jene, die mit dem Nachwuchs zwar nicht mehr so ganz mithalten können, aber nichtsdestotrotz noch souverän an der Platte ihren Mann (oder ihre Frau) stehen. Eberhard Schöler beispielsweise nutzte den neuen Wettbewerb schon 1982, um seinem ewigen Rivalen Conny Freundorfer eins auszuwischen. Bis dato standen beide mit jeweils neun nationalen Einzelmeisterschaften in den Annalen des DTTB. Und dann gelang Schöler, was Freundorfer trotz aller Anstrengung versagt blieb: Er siegte im Ü40-Finale und holte damit seinen zehnten Titel.

DIE HARANGOZOS

TIBOR und VILIM HARANGOZO
(1922–1978 | 1925–1975)

waren jugoslawische Tischtennisspieler. Vilim wurde ein Mal Weltmeister und 1965 zum ersten hauptamtlichen Bundestrainer in der Geschichte des DTTB. Sein älterer Bruder Tibor hatte nach einer misslungenen Mandeloperation mit einem gelähmten rechten Arm zu leben. Auch er arbeitete weltweit als Trainer, unter anderem organisierte er schon ab Ende der 1950er Jahre in Saarbrücken Tischtennislehrgänge. Seine erfolgreichste Geschäftsidee jedoch setzte er 1969 in die Tat um: Er gründete den TT-Artikel-Hersteller Tibhar (= **Tib**or **Har**angozo). Das Unternehmen existiert bis heute und rüstet diverse international renommierte Spieler und Nationalmannschaften aus.

DIE BESTEN DEUTSCHEN: GEORG ZSOLT BÖHM

Der 1962 in Rumänien geborene Spieler kehrte nach der EM 1980 in Bern nicht in seine Heimat zurück. Schon dort hatte er im Jugend- und Herrenbereich 25 nationale Titel errungen und war 1978 Jugend-Europameister geworden.
In Deutschland setzte er seine Karriere fort. Schon zwei Jahre nach seiner Flucht aus dem Ostblockland wird er erstmals Deutscher Einzel-Meister und wiederholt diesen Erfolg bis 1995 noch fünf Mal. Daneben stehen mehrere deutsche Doppel-, Mixed- und Ranglistensiege zu Buche. Größte internationale Erfolge: ein zweiter Platz mit der Mannschaft bei der EM 1990 sowie drei Siege im Europapokal der Landesmeister 1986 bis 1988.

Plastikschlüssel mit Stadtsilhouette von Shanghai zur WM 2005

Große Spieler sind heutzutage durchweg auch wohlhabend, mit Tischtennis kann man mehr als nur sein Taschengeld verdienen. Aber wie der Sport selbst, so hat auch jeder Einzelne einmal ganz klein angefangen. Jörg Roßkopf etwa, einer der größten deutschen Cracks aller Zeiten, bekam 1984 bei der FTG Frankfurt gerade mal 20 Mark. Und die auch nur pro gewonnenes Match. Im Folgejahr 1985 war Klein-Rossi 15 und rangierte immerhin schon in den Top 20 der Bundesrepublik. Finanziell jedoch wirkte sich das nicht gerade berauschend aus: Zu seinem Grundgehalt von 165 Mark monatlich kamen noch einmal 40 DM pro Sieg.

• PING-PONG-PAUSCHALEN •

1972:
Nach seinem Wechsel vom Deutschen Meister TV Mettmann zu Borussia Düsseldorf erhält Jochen Leiß 20.000 DM pro Saison.

Mitte der 1970er:
Die Nachwuchsspieler Ralf Wosik und Hans-Joachim Nolten werden dank finanzieller Förderung zu Vollzeitprofis. Die beiden werden zwar deutsche Spitzenspieler, schaffen aber nie den internationalen Durchbruch.

1977:
Mit dem TTC Jägermeister Calw trägt erstmals ein Bundesligaverein seinen Sponsor im Namen. Trotz namhafter Verpflichtungen wird Calw jedoch nie Meister und zieht sich 1981 wieder aus der Liga zurück.

• LIEBHERR UND DER JÄGERMEISTER •

Nicht nur Schnapsfabriken unterstützen die deutschen Tischtennisvereine. Daneben gab und gibt es auch Klubs wie TTF Liebherr Ochsenhausen, Müller Würzburger Hofbräu, TTC Rhön Sprudel Fulda Maberzell, TTV RE-BAU Gönnern (vorher auch Müller Gönnern) oder den TTC Jülich, der unter den wechselnden Vornamen Simex, SIG Combibloc und indeland antrat.
Beinahe harmlos und vor allem angenehmer auszusprechen: der Post SV Augsburg. Das Gründungsmitglied absolvierte sechs Jahre in der Bundesliga, bevor es 1971 abstieg. Seit 1991 klingt der Name des auch in anderen Sportarten aktiven Vereins allerdings ebenfalls ein bisschen zungenbrecherisch: Post SV Telekom Augsburg.

Während die Fußball-Bundesliga dank dem Privatfernsehen Jahr für Jahr mehr TV-Millionen scheffelt, müssen die Tischtennisvereine sogar draufzahlen. Für die Präsenz beim Sportkanal DSF bezahlten sieben beteiligte Vereine im Jahr 1999 140.000 DM. Rund 200.000 weitere Mark wurden von Sponsoren aufgebracht. Als Gegenleistung berichtete der Sender noch nicht einmal live von den Spielen, sondern nur als Konserve am Folgetag.

Zur selben Zeit berappte Borussia Düsseldorf 30.000 DM, damit Eurosport ein Match der Champions League übertrug.

TT UND TV IN CHINA

Das Finale um die Deutsche Meisterschaft 2007/08 im DSF sahen in der Spitze 160.000 Zuschauer. In China hingegen schalten pro Spieltag mehr als 100 Millionen Haushalte ihren Fernseher ein. Geht man von 1,3 Milliarden Chinesen und 80 Millionen Deutschen aus, dann bedeutet das: In China verfolgt jeder 13. ein stinknormales Meisterschaftsspiel, in Deutschland nur jeder 500. das Endspiel.

REVOLUTIONÄRE TOPSPINS

»Der Ping-Pong-Ball wird für die Revolution geschlagen«,

verkündete eine chinesische Zeitung Anfang der 1960er Jahre ganz im Sinne Mao Zedongs. Und von 1959 bis 1965 errangen die Chinesen dann auch zwölf WM-Titel. Dass es an der grünen Platte damals überaus nationalistisch zuging, bekamen vor allem Spieler des alten Feindes Japan zu spüren. Geriet ein Chinese in Rückstand, skandierten die wie ein Chor angeleiteten Zuschauer: »Wir überwinden alle denkbaren Schwierigkeiten.«

Außerdem, so berichteten japanische Athleten nach einem Wettkampf in Peking, wurde man während des Matches systematisch irritiert. Beschwerden hätten die Funktionäre mit kommunistischer Totschlags-Rhetorik abgebügelt: »Was ist falsch daran, seine Kameraden beim Kampf für die Revolution zu unterstützen?«

1925–1932:
Nach der Gründung des TT-Verbandes wird Tischtennis zunächst im »Tennis und Golf«-Magazin mit abgebildet.

1932–1939:
Im Heidelberger Hermann-Meister-Verlag erscheint das eigenständige Blatt »Tischtennis«.

1947–1948:
Am 19. Juni erscheint die erste Ausgabe der »Tischtennis-Rundschau«.

1948–1983:
35 Jahre lang heißt das offizielle Organ des DTTB »Deutscher Tischtennis-Sport«. Die Abkürzung *dtts* wechselt 1978 zu *dts*.

2004 bis heute:
Der »*dts*« erscheint unter dem neuen Namen »tischtennis«.

Ball zur WM 1989
in Dortmund

● DIE BESTEN DEUTSCHEN: ●
OLGA NEMES

Drei Jahre nach ihrem Landsmann Georg Böhm setzte sich auch die 14-jährige OLGA NEMES aus Rumänien ab. Im selben Jahr 1983 hatte sie die Jugend-Europameisterschaft und das Europe Top-12 Turnier gewonnen. In Deutschland errang sie 14 Meistertitel, beim Turnier 1986 sogar alle drei möglichen. Auch international war sie nach der damals obligatorischen Sperre sehr erfolgreich. Insgesamt sieben Mal kam sie bei den Top 12 unter die ersten drei. Außerdem wurde sie 1996 und 1998 Europameisterin mit der Mannschaft. Nachdem der Verband sie 2004 trotz erneut gewonnener DM nicht für die Olympischen Spiele nominierte, wechselte sie nach Ungarn und trat danach wieder international für Rumänien an.

ZU KALT

→ Als Schauplatz für die WM 1969
in München hatte man die 6.200 Zuschauer fassende Eissporthalle auserkoren. Das Problem: Die Titelkämpfe fanden im April statt, und die Halle verfügte über keinerlei Heizung. Also setzten die Veranstalter auf ihr Glück – hatten aber keines. München erlebte einen üblen Kälteeinbruch, die Zuschauer froren auf den Sitzen fest. Da half es auch nichts, dass man flugs einen 50.000 Mark teuren Infrarotstrahler installierte, aber immerhin: Die deutschen Herren holten Silber mit der Mannschaft und im Einzel. Und bei den Damen landete die Ost-Berlinerin Gaby Geissler für die DDR auf dem Silbertreppchen.

ZU HEISS

→ 1952 in Bombay
hatten die Spieler hingegen mit der enormen Hitze zu kämpfen. Jedenfalls die Europäer. Die WM fand in einem Zelt statt, das man in ein Fußballstadion gebaut hatte. Unerbittlich schien die Sonne, und die Hitze staute sich auf durchschnittliche 35 Grad auf. Vier Goldmedaillen gingen an Japan, zwei an Rumänien und eine nach Ungarn.

ZU SCHLECHTE LUFT

→ Zur Weltmeisterschaft 1959 in Dortmund
reisten die Japaner ungewöhnlich früh an. Bereits zehn Tage vor Beginn der Wettkämpfe sah man sie durch Grünanlagen joggen oder bei der Gymnastik in der Hotelhalle. Grund: Die asiatischen Cracks sollten sich an das »tödliche Ruhrgebietsklima« gewöhnen.

ZU FEUCHT

→ Im Jahr 1975
fanden die Weltmeisterschaften im indischen Kalkutta statt. Unglücklicherweise regnete es in diesem Februar ziemlich viel, und ebenso unglücklicherweise war das Hallendach nicht dicht. Wegen Regens unterbrochen werden musste deshalb unter anderem das Endspiel im Damendoppel. Besser zurecht kam damit die Paarung Maria Alexandru (Rumänien)/Shoko Takahashi (Japan), die sich nach der Pause gegen die Chinesinnen Chu Hsiang-Yun und Mei Lin durchsetzte.

➜ Wegen einer Rekordzahl von Meldungen
mussten die Weltmeisterschaften von Stockholm um ein Jahr auf 1928 verschoben werden. Auch der ursprüngliche Austragungsort drohte aus allen Nähten zu platzen. Sage und schreibe 59 Herren, 12 Damen und 42 Doppel aus insgesamt 11 Nationen begannen die Wettkämpfe in einer Boxhalle, um dann wegen des Zuschauerandrangs in einen Zirkus zu wechseln.

Wimpel des polnischen
TT-Verbandes, 1980er Jahre

• HELGA HANNOVER •

Recht bekannt war bis zu seiner Auflösung 2016 der Frauen-Fußballverein FFC Heike Rheine. Einen viel früheren PR-Streich auf diesem Gebiet landeten jedoch einige tischtennisbegeisterte Herren aus Niedersachsen im Jahr 1947. Sie beschlossen, ihren noch zu gründenden Verein nach dem ersten weiblichen Mitglied zu benennen.
Und so wurde der TTC Helga Hannover geboren.
Helga Engelke, die Namensgeberin, wurde zehn Jahre später Deutsche Vizemeisterin im Doppel. Ihr Verein spielte zwischen 1992 und 1999 insgesamt vier Jahre in der Damen-Bundesliga.

ÄGYPTISCH-DEUTSCHES PING-PONG

Weil die WM 1939 in Kairo ausgerichtet wurde, nahmen dort logischerweise überproportional viele Ägypter teil. Nicht jedem von ihnen stand eine Frau für den Mixed-Wettbewerb zur Verfügung, und so landeten die Spieler Marcel Geargoura und Mansour Helmy an der Seite von Hilde Busmann und Trude Pritzi. Letztere hatten immerhin schon im Damen-Doppel gesiegt, und auch ihre ägyptischen Partner sollten nicht leer ausgehen: Die gemischten Duos errangen gemeinsam die Bronzemedaille.

CHAUVINISTISCHE JUGOS

Für ein peinliches Novum hatten sechs Jahre zuvor die jugoslawischen Herren gesorgt. Bei der Weltmeisterschaft 1933 in Österreich weigerten sie sich, mit ihren Damen im Mixed anzutreten.

SCHLUSS MIT LUSTIG

Den ländergemischten Doppeln ein Ende bereitete ein Beschluss der ITTF aus dem Jahr 2000. Fortan, so wurde dekretiert, dürfen WM-Doppel nur noch aus Sportlern desselben Verbandes gebildet werden. Schade eigentlich.

Pin zu den Olympischen Spielen 2008 in Peking

PING-PONG UND BERLIN-BLOCKADE

Vom 24. Juni 1948 bis zum 12. Mai 1949 schließt die Sowjetunion Westberlin komplett von der Außenwelt ab. US-amerikanische »Rosinenbomber« versorgen die Bevölkerung mit dem Nötigsten. Der Tischtennissport hingegen bleibt grenzübergreifend. Als Mitglieder des Ostberliner Klubs SG Nordring in den Westteil der Stadt wechseln, können sie ihre Platten – allerdings nur nachts – per Leiterwagen in den Westsektor schaffen. Dort gründen sie sodann den TTC Blau-Gold Berlin.

Weil der Rundlauf
ja nun eher als inoffizielle
Disziplin gehandelt wird, kann man auf
diesem Gebiet auch die verschiedensten Welt-
rekorde aufstellen. Als Spitzenleistung galt zum Beispiel lange jener Run vom 27. April 2000 in Bremen. Damals agierten 245 Hobbyspieler an 40 Tischen 61 Minuten
lang. Am 21. Juni 2002 liefen auf dem Stuttgarter Marktplatz
dann 454 Spieler für 62 Minuten um 50 Tische. Knapp fünf Sekunden länger dauerte der Rekordversuch wiederum in Bremen
2006, der diesmal von 359 Spielern an 47 Platten durchgeführt
wurde. 500 Personen an nur einem einzigen Tisch: Das war die
Idee im schweizerischen Luzern am 28. August 2010. Wie oft
jeder Teilnehmer (es wurden schließlich sogar 509) in den absolvierten zwei Stunden an den Ball kam, steht allerdings
nirgendwo geschrieben. Einen Monat später umrundete
Timo Boll in Shanghai die Platte zusammen mit 100
chinesischen Kindern. Warum er dafür allerdings
ins Guinness-Buch kam, bleibt angesichts
der zuvor erwähnten Leistungen
rätselhaft.

• CHINESISCH = RUNDLAUF •

Ende der 1920er, Anfang der 1930er Jahre
wurde in Deutschland der Rundlauf populär. Hier konnte jeder mitspielen,
Tischtennis mutierte zum Volkssport. Genannt wurde diese neue Variante
»CHINESISCH«.
Wieso? –
Angeblich wegen der immer heiteren Gesichter, die an das
»Land des Lächelns« erinnerten.
Bald entwickelten sich in Deutschland zwei weitere regionale
Bezeichnungen für den Gartensport:
RINGERL und MÄXLE.

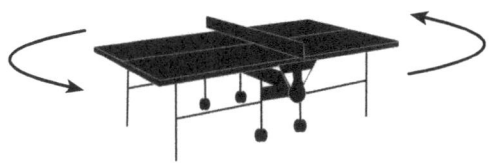

Die Protokolle von Sitzungen des DDR-Tischtennisverbandes DTTV sprechen Bände über die maue Versorgungslage des Staates auch auf dem Gebiet des Sports. Einige Auszüge:

32. Bürotagung 1982:

Der Generalsekretär erklärt, dass in einigen Kreisen keine Bälle mehr zur Verfügung stehen und der Sportbetrieb deshalb eingestellt wurde.

20. Präsidiumstagung 1983:

Aus Mangel an Netzen, Bällen und Tischen kann der Sportplan nicht erfüllt werden.

40. Bürotagung 1984:

Zitat: »Die Importbälle aus der Volksrepublik China sollen im Rostocker Hafen eingetroffen sein. Es bestehen weiterhin in vielen Bezirken Versorgungsschwierigkeiten mit Tischtennisbällen.«

——————— • **SCHMETTERBALL UND KABARETT** • ———————

Eine für Tischtennisspieler nicht gerade typische Karriere durchlief die 1934 geborene Inge Ristock. Drei Mal in Folge gewann sie ab 1956 mit dem SC Einheit Berlin die DDR-Meisterschaft, im Einzel belegte sie 1958 den zweiten Platz. In dieser Zeit jedoch begann sie auch erste Kabaretttexte zu schreiben. 1969 avancierte Inge Ristock zur Chefdramaturgin der einflussreichen Kabarettgruppe »Die Distel«. Mehrere ihrer Programme wurden wegen angeblicher Kritik am Realen Sozialismus der DDR verboten. Nach der Wiedervereinigung gelang ihr ein nahtloser Übergang, sie schrieb u. a. Drehbücher für Fernsehserien des ZDF (»Salto Postale«). Inge Ristock starb am 6. September 2005 in Berlin.

——————— • **PROMINENTE HOBBY-SPIELER:** • ———————
VITALI UND WLADIMIR KLITSCHKO

VITALI KLITSCHKO bereitete sich nach eigener Aussage mit Schach und Tischtennis auf seine Fights vor. Tischtennis schule »die Augen, die Reflexe und die Konzentration«, sagt der Ex-Champion. Am liebsten tritt er stets gegen seinen jüngeren Bruder WLADIMIR an, sagt jedoch über diesen: »Beim Schach hat er kaum Chancen. Beim Tischtennis gar keine!«

Ursprünglich hatten die Klitschko-Eltern für ihre beiden Söhne eine Karriere als Tischtennis-Spieler vorgesehen. Aber daraus wurde bekanntlich nichts.

Die wohl bedeutendste weibliche Funktionärin des Tischtennissports heißt Nancy Evans. In ihrer Heimat gewann die 1903 geborene Waliserin sämtliche Einzeltitel zwischen 1935 und 1946. Sage und schreibe 45 Jahre stand sie dem walisischen TT-Verband vor. Als sich am 13. März 1957 der Europäische Tischtennis-Verband gründete, gehörte Nancy zum ersten Präsidium. Zwischen 1960 und 1984 war sie ETTU-Generalsekretärin. Im Jahr ihres Ausscheidens ernannte man sie zum ersten Ehrenmitglied des Verbandes. Ebenfalls 1984 wurde der Europäische Messestädte-Pokal in ETTU Nancy Evans Cup umgetauft.

Die derart Geehrte starb am 28. Juli 1998 in Cardiff. Sie wurde 95 Jahre alt und erlebte somit nicht mehr, dass man 2005 ihren Namen wieder aus dem »ETTU Cup« strich.

Trimm-dich-Figur
Trimmy, Deutschland,
1970er Jahre

• AUFSTIEG – NEIN DANKE! •

Zu einem Novum kam es am Ende der Saison 2002/03. Gleich drei Aufsteiger verzichteten freiwillig auf den Gang in die 1. Bundesliga:

HERTHA BSC,

WERDER BREMEN und

WTTF RAMSTEIN.

Lediglich der Verein Müller Würzburger Hofbräu machte von seiner Qualifikation für die höchste Klasse Gebrauch. In der Folge spielte die Bundesliga zwei Jahre lang mit nur neun Teams, bevor im Jahr 2005 wieder die üblichen zehn an den Start gingen.

Platz	Verein	Anzahl	Spiele	Punkte
1	DJK TuSA Düsseldorf	14	117:71	23:5
2	SV Moltkeplatz Essen	14	120:73	22:6
3	VfL Osnabrück	14	106:74	18:10
4	TTC Mörfelden	14	92:97	13:15
5	Post SV Augsburg	14	96:108	11:17
6	1. FC Saarbrücken	14	74:107	10:18
7	SSV Reutlingen	14	67:104	9:19
8	TSV Milbertshofen	14	76:114	6:22

Weil die Liga um zwei Plätze aufgestockt wurde, stieg lediglich der TSV Milbertshofen ab. Zu den Aufsteigern gehörte neben Eintracht Frankfurt und Tennis Borussia Berlin ein Klub, der den deutschen Tischtennissport über die nächsten Jahrzehnte prägen sollte wie kein anderer: Borussia Düsseldorf.

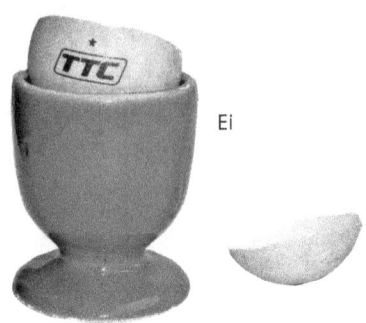

Ei

EINSTERN-, ZWEISTERN-, DREISTERN-BALL

Heutzutage weisen selbst die meisten Kaufhaus-Bälle drei Sterne auf. Lediglich billige Übungsbälle sind nicht weiter gekennzeichnet. Früher jedoch konnte der Spieler zwischen Ein-, Zwei- und Dreistern-Bällen wählen.

Ein weit verbreiteter Irrtum bestand in der Annahme, Dreistern-Bälle seien grundsätzlich runder als die anderen.

Hintergrund: Die TT-Industrie fertigte bis in die 1980er Jahre hinein Unmengen von »Eiern«, mit denen man keinen Ball geradeaus schlagen konnte. Aber drei Sterne bedeuteten – und bedeuten – etwas ganz anderes. Sie garantieren nämlich lediglich, dass sie weniger von der Gewichtsnorm (2,7 g) abweichen als die billigeren Kugeln.

Ein platter Fußball springt nicht, ein kaputter TT-Ball ebenso wenig. Warum? – Weil es keine Kraft brauchte, ihn zu verformen, und er deshalb auch keine hat, um wieder hochzuhüpfen. Der Ball springt nämlich, weil sich beim Aufprall der Luftdruck in seinem Innern erhöht. Er bekommt eine Delle, d. h. die Luft hat plötzlich weniger Platz – sie wird zusammengedrückt, und zwar am stärksten an jener Stelle, wo der Ball auf den Boden trifft. Logisch, dass der Ball nun ganz schnell wieder seine alte Form zurückhaben möchte. Und dafür muss er wieder nach oben springen.

Physiker wissen, dass sich der neue Luftdruck nach dem Aufprall in Schallgeschwindigkeit im Ball verteilt (in ungefähr 1/1000stel Sek.). Dabei kommt der Bewegungsimpuls ins Spiel: Dieser beschreibt den Zustand einer bewegten Masse (z. B. einem Ball), und man berechnet ihn nach der Formel Masse mal Geschwindigkeit.

Je fester Ball und Boden, desto besser springt Ersterer. Deshalb bleibt er im Schlamm auch einfach liegen, denn Schlamm ist zu weich, um ihn zu verformen, ihm also einen Bewegungsimpuls zu versetzen.

Selbst eine Eisenkugel würde von einem angemessen harten Untergrund also umstandslos verformt werden und zurückprallen.

Wie im Leben, so schließt sich auch im Tischtennis so manches aus, was man gern zugleich hätte. So träumt beispielsweise jeder Spieler von dem Belag, der ihm bei höchstmöglicher Geschwindigkeit die größtmögliche Kontrolle garantiert. Dagegen jedoch sprechen einige bittere physikalische Wahrheiten:

Das Schaumgummi wird beim Aufprall des Balls zusammengedrückt und nimmt dessen Energie auf. Ebendiese gibt es dem Ball beim Abprallen wieder mit. Je dicker das Gummi, desto mehr Energie kann aufgenommen werden, und desto schneller ist dementsprechend der Ball. Aber je schneller man unterwegs ist, das weiß auch jeder Autofahrer, desto schwieriger ist es eben auch mit der Kontrolle der Situation. Ein Belag mit den oben gewünschten Eigenschaften gliche also einer Quadratur des Kreises.

DER SWEET-SPOT

Auch nicht gerade einfach ist es mit dem Sweet-Spot (oder auch Sweet-Point). Damit bezeichnet man jenen Bereich des Schlägerblattes, der die höchste Beschleunigung mit maximaler Kontrolle kombiniert. Materialentwickler verorten diese Zone irgendwo zwischen dem Schwerpunkt des Schlägers und dem geometrischen Blattmittelpunkt (ohne den Griffbereich). Eine mathematische Formel zur genaueren Bestimmung wurde jedoch bis heute nicht gefunden. Erste Untersuchungen zur optimalen Trefferzone stammen aus den frühen 1970er Jahren und wurden vom DTTB durchgeführt. Das Ergebnis waren Rackets mit abgesägter Oberkante, die sich auf dem Markt jedoch nicht durchsetzen konnten.

WARUM JAPANER PENHOLDER SPIELEN

Als die Japaner Tischtennis von den Engländern übernahmen, fassten sie ihre Schläger so an, wie sie auch ihre Ess-Stäbchen hielten. Der Grund dafür reicht bis ins 14. Jh. zurück. Schon damals wurde im Fernen Osten ein Spiel praktiziert, das man Oibane nannte und gewisse Ähnlichkeiten mit Ping-Pong und Federball aufwies. Der Schläger namens Hagoita bestand zumeist aus Kiri-Holz und war einseitig mit verehrten Personen und Objekten bemalt. Dass diese Seite beim Spiel nicht benutzt werden durfte, sprach umso mehr dafür, den Schläger im Penholdergriff zu halten. Mit der Shakehand bräche man sich schließlich früher oder später das Handgelenk bei dem Versuch, nur mit einem Belag zu treffen.

WUSSTEN SIE SCHON, ...

 ... dass auf einen Tischtennisball beim Schmettern Kräfte von bis zu einer Tonne wirken?

Wegen dieser Wucht und der damit verbundenen Verletzungsgefahr waren Schmetterbälle in der Frühzeit des Sports sogar verboten! Die Kugel muss elastisch genug sein, um diese enorme Beanspruchung abfangen zu können. Der Ball verformt sich in extremen Fällen um fast ein Fünftel seines Durchmessers, nur um im nächsten Moment wieder in seine ursprüngliche Rundung zurückzufinden.

Mit der voranschreitenden Materialentwicklung haben Schmetterbälle im Tischtennissport an Bedeutung verloren. Heutzutage werden selbst mittelhohe Returns von den Spitzenspielern eher gezogen, also mit einem Topspin beantwortet. Der Übergang vom Schmetterball zum sogenannten Schuss ist fließend. Manche Spieler haben sich darauf spezialisiert, auch hoch abspringende Topspins mit einem Schmetterball zu beantworten, der die Kugel noch in der Aufwärtsbewegung trifft. Echte Schüsse sieht man jedoch fast nur gegen eine Ballonabwehr.

Anders war dies in der Zeit der sogenannten Brettchen. Der Noppenbelag ohne Schaumstoff-Unterfutter entwickelt keinen Spin und ist vergleichsweise langsam. Deshalb empfahl es sich damals, die Kugel per Schmetterball über das Netz zu treiben. Wer sich alte Aufnahmen aus jener Zeit ansieht, wird erstaunt sein, zu welchen Fertigkeiten es mancher Spieler dabei brachte. Denn Angriffsbälle mit einem Brettchen erfordern eine genaue Kalkulation des Kraftaufwandes zur voraussichtlichen Flugbahn des Balls, nach der er ja wieder auf der anderen Seite aufschlagen soll.

• SPEED LIMITS •

Höchst erstaunlich sind die Geschwindigkeiten, die ein
geschmettertes Bällchen erreichen kann:
Messungen ergaben eine Spitze von
180 km/h.
Der Ball berührt dabei den Schläger für lediglich
1/1000stel Sekunde.
Deutlich langsamer als der Ball sind die, die ihn beschleunigen.
Während der Schläger selten schneller als mit
70 km/h
bewegt wird, erreicht die Hand des Spielers nur
50 km/h.
Und während für den Ball nach oben hin keine Grenzen zu existieren
scheinen, ist dies nach unten hin anders. Bewegt er sich nämlich
nicht mit mindestens
20 km/h,
erleidet er einen fatalen Strömungsabriss.
Das heißt:
Er
plumpst
zu
Boden.

TISCHTENNIS-BÜCHER:
MEHR LIEBE

Der Schriftsteller Frank Schulz wurde durch den Roman »Kolks blonde Bräute« bekannt und hat seitdem weitere schöne Bücher folgen lassen. Wenn man seine Geschichten liest, dann wird schnell klar, womit sich Schulz besonders gut auskennt: mit dem Trinken und mit den spezifischen Umgangsformen und Problemen von Männern. Aber es gibt da noch eine dritte Abteilung: Tischtennis nämlich. Die Hauptfigur seines Krimis »Onno Viets und der Irre vom Kiez« ist was? – Tischtennisspieler! Und auch eine Kurzgeschichte aus »Mehr Liebe« dreht sich um Ping Pong. Während des entscheidenden Spiels um den Aufstieg in die Kreisliga gehen dem Haudrauf »King Kong« die verschiedensten Dinge durch den Kopf. Alle Gedanken beeinflussen sein Spiel, genauso wie die Visage des Gegners. Und mit dem gelangt man dann auch zur – bitteren – Pointe.

➔ *Frank Schulz: »Onno Viets und der Irre vom Kiez« (Roman),*
  »Mehr Liebe: Heikle Geschichten« (Short Stories), beide Galiani Verlag

DIE GRÖSSTEN SPIELER ALLER ZEITEN:
VICTOR BARNA

VICTOR BARNA wurde 1911 als ungarischer Jude geboren. Seinen ersten WM-Titel holte er 1930 im Einzel. In der Folge gewann Barna bei Weltmeisterschaften 23 Mal Gold, sechs Mal Silber und drei Mal Bronze. In den sechs Jahren von 1930 bis 1935 verlor er nur ein einziges Match – das WM-Endspiel 1931.
Der 17-fache ungarische Meister lebte lange unter äußerst schwierigen Umständen. Wegen des Antisemitismus in seiner Heimat zog er 1932 nach Frankreich, ab 1939 kämpfte er als Fallschirmspringer in der britischen Armee gegen die Nazis. Sein Bruder Tibor, ungarischer Meister von 1941, wurde im KZ ermordet.
1952 wurde Victor Barna endgültig britischer Staatsbürger. Bei seiner letzten WM 1954 belegte der inzwischen 43-Jährige noch einmal den zweiten Rang im Doppel und den dritten im Mixed. Nach seinem Tod 1972 stiftete seine Frau den Victor Barna Memorial Cup für den jeweils erfolgreichsten WM-Teilnehmer. 1981 nahm man ihn in die International Jewish Sports Hall of Fame auf.
Barnas stärkste Waffe war der sogenannte Rückhand-Flickball, ein rein aus dem Handgelenk geschlagener Topspin. Genau diesen jedoch konnte er nicht mehr praktizieren, nachdem er 1935 einen Motorradunfall nur stark verletzt überstanden hatte. Barna hatte sich dabei einige Knochen im Handgelenk gebrochen. Dennoch spielte der Tischtennisheld seiner Zeit weiter und errang sogar noch mehrere WM-Titel und Treppchen-Platzierungen.

US-Pin zu den ersten
Olympischen Spielen mit
TT-Beteiligung 1988 in Seoul

<hr>

• AKRONYME •

TTC ..... *Tischtennis-Club*

TTG ..... *Tischtennis-Gemeinschaft*

TTSG ... *Tischtennis-Sportgemeinschaft*

TTF ...... *Tischtennis-Freunde*

TTV ..... *Tischtennis-Verein*

TTVg... *Tischtennis-Vereinigung*

TTU ..... *Tischtennis-Union*

CTTF... *Club-Tisch-Tennis-Freunde/*
Club der Tischtennisfreunde

TST ...... *Topspin-Team (TST Buer-Mitte)*

<hr>

BSG ...... *Betriebssportgemeinschaft*

BV .... *Ballverein*

ASV ..... *Athletik-Sport-Verein*

BSV....... *Ballsportverein/Betriebssportverein*

ESV ...... *Eisenbahnsportverein*

GSV ..... *Gesamtschul-Sportverein*

PSV ..... *Postsportverein*

SSV ...... *Sport- und Spielverein*

TS......... *Turnerschaft*

TSV ...... *Turn- und Sportverein*

ATS ...... *Allgemeiner Turn- und Sportverein*

MTV.... *Männer-Turn-Verein*

TSG ...... *Turn- und Sportgemeinschaft*

TB .... *Turnerbund/Tennis Borussia*

TG .... *Turngemeinde*

TK .... *Turnklub/Tischtennis-Klub*

TV .... *Turnverein*

TuB ...... *Turner und Ballspieler*
(z.B. TuB Bocholt)

TuRa .... *Turn- und Rasensportverein*

<hr>

FC .... *Fußballverein*
(im Tischtennis z.B. 1. FC Köln)

SC......... *Sportclub*

DSC ..... *Deutscher Sport-Club*

SB .... *Sportbund (z.B. SB Versbach)*

SG .... *Sportgemeinschaft*

SV .... *Sportverein*

Spfr....... *Sportfreunde*

Spvgg. .. *Spielvereinigung*

SuS .... *Spiel und Sport*
(z.B. SuS Bertlich 1945)

VfB......... *Verein für Bewegungsspiele*

VfL .... *Verein für Leibesübungen*

VfR....... *Verein für Rasensport/Rasenspiele*

<hr>

CVJM... *Christlicher Verein Junger Menschen*

DJK ...... *Deutsche Jugendkraft*

Der ehemalige Bundespräsident war immer leidenschaftlicher Hobbyspieler. Auch im Amt übte er den Sport regelmäßig aus, am liebsten mit seinem Referenten Friedbert Pflüger. Als sich Bremen um die Ausrichtung der WM 2006 bewarb, musste man den altgedienten Crack nicht lange um ein Grußwort bitten. Von Weizsäcker schrieb:

»Als Fan und aktiver Spieler unterstütze ich die Ausrichtung der Tischtennis-Weltmeisterschaften in Deutschland. Sport verbindet die Menschen über alle Generationen und alle territorialen Grenzen hinweg. Es wäre großartig, wenn die besten Mannschaften der Welt 2006 in Deutschland zu Gast wären. Sie finden hier hervorragende sportliche Bedingungen, gastfreundliche Aufnahme in einem weltoffenen Land und ein begeistertes Publikum.«

• GETROCKNETE ORANGE •

Nach allgemeiner Überzeugung
wurde Tischtennis in England erfunden und gelangte
über Japan auch nach China. Chinesische Historiker verweisen in
diesem Zusammenhang allerdings auf eine Frühform, die sich »Getrock-
nete Orange« nannte. Diese sei im 17. Jh. beim Volk der Miao beliebt gewe-
sen. Wie der Name schon sagt, handelte es sich beim Spielgerät um einen getrock-
neten Apfelsinenball. Dieser wurde – von lediglich einem Spieler – mit einem
hölzernen Schläger gegen eine Wand geschlagen. Ob »Getrocknete Orange«
allerdings als echter Vorläufer unseres Sportes taugt, sei
dahingestellt – hört sich eher nach Squash an!

• CHINESISCHE KLONE •

Es ist heutzutage kein Geheimnis mehr, dass man in China Spieler »heranzüchtet«, die den weltweit größten Konkurrenten maximal ähneln. Diese bilden sodann die bevorzugten Sparringspartner der nationalen Elite bei der Vorbereitung auf große Wettkämpfe. Am häufigsten kopiert wird dabei natürlich der deutsche Spitzenspieler Timo Boll. Aber wer diese – unter humanen Gesichtspunkten nicht ganz unproblematische – Taktik für neu hält, der irrt. Denn schon gegen Ende der 1970er Jahre existierten chinesische Tischtennis-Klone. Bevorzugtes Modell damals: der Jugoslawe Dragutin Surbek.

Der Autor dieses skurrilen Werkes nennt sich Sammy Hawkens und behauptet, er sei der Urenkel der Karl-May-Witzfigur Sam Hawkens. Das nur noch antiquarisch erhältliche Buch besteht aus einigen durchaus weisen und zum Teil lustigen Texten rund ums Tischtennis. Andere Abschnitte hingegen driften vollkommen ins Närrische ab und wirken ein wenig zu selbstverliebt. Schon der Titel deutet an: Die Grenze zwischen Wahrheit und Fiktion wird in manchen Sätzen direkt mehrmals in beide Richtungen überschritten. Der Autor hat seiner Phantasie mithin sehr freien Lauf gelassen. Und selbst wenn nicht jedes Kapitel gelungen ist: »Ziehen... Schießen... Niedermachen« gehört in jede anständige Tischtennis-Bibliothek!

→ *Sammy Hawkens: Ziehen... Schießen... Niedermachen, Ludicium-Verlag*

Programmheft
der English Open
1958

• LINKSHÄNDER IM DOPPEL •

Tatsache ist: Wenn zwei Linkshänder zusammenspielen, stehen sie sich wegen des Aufschlags von rechts im Weg. Gerechter wäre es, sagen manche, wenn abwechselnd von rechts und von links aufgeschlagen würde. Dies würde jedoch zu einer Benachteilung der zahlenmäßig weit überlegenen Rechtshänderdoppel führen. Nur 10,6 Prozent aller Menschen sind Linkshänder. Möglich wäre natürlich auch, ein reines Linkshänderdoppel von links aufschlagen zu lassen, während Rechtshänder der bisherigen Regel folgen.

HÖHENREKORD AM ELBRUS

Der Elbrus ist ein 5.642 m hoher Berg im russischen Kaukasus. Knapp unterhalb des Gipfels kam es am 19. Juli 2009 zu einem in dieser Höhe noch nie dagewesenen Tischtennismatch. 14 Hannoveraner bildeten die Expedition »Tischtennis am Elbrus«. Von Dnipropetrowsk in der Ukraine aus waren sie gestartet und erreichten gegen schwierige Wetterbedingungen ihre Ziele: Tischtennis auf 5.600 Höhenmetern und einen Eintrag ins Guinness-Buch der Rekorde. Fürs feine Händchen spielten die Rekordjäger übrigens trotz der Kälte ohne Handschuhe.

Wimpel zum
Damen-Europapokal 1979

SCHILDKRÖTEN, PUPPEN UND BÄLLE

SCHILDKRÖT, das war früher und ist bis heute eine Firma, die Spielpuppen herstellt. Um die Köpfe schön rund und strapazierfähig zu gestalten, verwendete man ab 1896 einen recht neuen Werkstoff namens Zelluloid. Bald schon machte man sich in Mannheim-Neckarau auch an die Herstellung von Tischtennisbällen. Während die Kugeln heutzutage fast ausschließlich aus Japan und China kommen, genoss Schildkröt noch in den 1970er Jahren einen sehr guten Ruf unter TT-Spielern. Wie viele Betriebe, so ging auch die Schildkröt-Tischtennissparte irgendwann in einem größeren Konsortium auf. Seit 1992 stecken die TT-Produkte von Schildkröt deshalb unter einem Dach mit der ursprünglich ebenfalls selbstständigen Ausrüsterfirma Donic aus Völklingen.

HOCH LEBE SINGAPUR!

Acht Mal hintereinander hatten die chinesischen Damen den WM-Titel mit der Mannschaft gewonnen. 2010 in Moskau jedoch riss diese inzwischen recht eintönig gewordene Serie. Nach über drei Stunden ging die Neuauflage des Finals von 2008 an die Frauen aus dem kleinen Staat Singapur. Hier die Namen der Überraschungssiegerinnen aus Südostasien:
SUN BEIBEI, FENG TIANWEI *und* WANG YUE GU.

Erstmals im April 1980 steht eine deutsche Mannschaft im Finale der Europameisterschaften. Im schweizerischen Bern scheitert man an den übermächtigen Schweden nur äußerst knapp mit 4:5. Überragend: Peter Stellwag, der amtierende Deutsche Meister, der auch gegen Ex-Weltmeister Stellan Bengtsson ungeschlagen blieb. Der Spielverlauf im Einzelnen:

1. Ulf Carlsson – Engelbert Hüging.................. 1:0
2. Stellan Bengtsson – Wilfried Lieck.............. 2:0
3. Ulf Thorsell – Peter Stellwag.......................... 2:1
4. Bengtsson – Hüging 3:1
5. Carlsson – Stellwag...................................... 3:2
6. Thorsell – Lieck.. 4:2
7. Bengtsson – Stellwag.................................... 4:3
8. Thorsell – Hüging 4:4
9. Carlsson – Lieck.. 5:4

WUSSTEN SIE SCHON, ...

 ... dass die Einspielzeit vor einem Match auf maximal zwei Minuten beschränkt ist?

Das heißt in der Praxis: Wenn Ihr (extrem nerviger, logo) Gegner darauf besteht, erst nach dem ersten Schweißausbruch bereit zu sein (»Nee, ich will noch 'n bisschen Rückhand-Ballonabwehr.«), dann halten Sie demnächst einfach den Ball unter die Platte.

FINGER ODER SCHLÄGER?

Im Grunde hört und spürt es jeder Tischtennisspieler sofort: Dieser Ball gerade war nicht ganz normal, der hat erst den Finger und dann den Belag berührt. Dennoch entstand in solchen Momenten fast immer ein Disput: Hat er nun oder hat er nicht, oder war der Ball womöglich sogar genau gleichzeitig an Hand und Schläger?

Seit dem 1. September 2010 gehören diese Diskussionen der Vergangenheit an. Denn zu diesem Stichtag sind unabsichtliche Doppelberührungen nun offiziell erlaubt. Da wartet man doch glatt auf den Tag, da ein Spieler mit dieser Erlaubnis Schindluder treibt und den Finger-Schläger-Effet kultiviert.

HARDBAT-TISCHTENNIS

Es waren Nostalgiker, die vor geraumer Zeit die Hardbat-Bewegung anschoben. »Back to the roots«, sagten sie sich und veranstalteten erste »Brettchen-Turniere«. Das Spiel wurde zurückgeschraubt auf die Zeit vor 1950, als die Schwammgummibeläge aufkamen. Weil Außennoppen längst nicht so griffig sind, entwickeln sich beim Hardbat kaum Schnitt und kaum Spin. Stattdessen jedoch im Idealfall lange, abwechslungsreiche Ballwechsel mit finalem, laut plockendem Schmetterschlag. Die Beliebtheit der Variante belegen u. a. die seit 2001 ausgetragenen Nordhorn Brettchen Open.

SONDERREGELN BEIM HARDBATTING

Von den offiziellen Regeln der ITTF abweichend gilt beim Hardbat Folgendes:
1) *Als Belag erlaubt sind ausschließlich kurze Noppen außen ohne Schwamm.*
2) *Die ITTF-Regel A 4.6, die unterschiedliche Farben der Schlägerseiten vorschreibt, wird außer Kraft gesetzt. Stattdessen dürfen Brettchen auch einfarbig sein.*
3) *Auch Regel B 2.1.3 zu den vom ITTF erlaubten Belägen gilt nicht. Mitspielen darf beim Hardbat jeder, der ein Brettchen in der Hand hält.*

DIE LARGE-BALL-VARIANTE

Beim Large-Ball-Tischtennis misst der Ball 44 statt 40 mm im Durchmesser, und auch das Netz ist 2 cm höher. Die Variante, so liest man, ist in Japan schon lange Volkssport und besonders bei Senioren beliebt. Der Grund: Weil neben den genannten Besonderheiten außerdem nur kurze Noppen erlaubt sind, ist das Spiel wesentlich langsamer. In Höhr-Grenzhausen fanden 2005 die ersten European Large Ball Open statt. 130 Teilnehmer wurden dabei gezählt, sie kamen u. a. aus Japan, Serbien, Italien, der Türkei und natürlich Deutschland. Bei den Damen siegte eine berühmte Alt-Internationale: Olga Nemes.

TISCHTENNIS ALS THERAPIE

Tischtennis fördert nicht nur die Gesundheit, sondern kann auch *gesund machen*. Dies jedenfalls sagen jene Ärzte, die das schnelle Rückschlagspiel als Therapie nach kurzfristigen Lähmungen (beispielsweise nach Autounfällen oder Schlaganfällen) empfehlen. Zugute komme dem Sport dabei laut den Medizinern, dass er so schnell zu erlernen ist und gleichermaßen wenig Platz und Material beansprucht.

Wie Tischtennis vom Tennis, so kommt das Speckbrett-Spielen vom Tischtennis. Anno 1929 war eine Gruppe von Schwimmern aus dem Münsterland bei schwimmenden Freunden aus Freiburg zu Besuch. Die wiederum spielten jenseits des Beckens gern Tischtennis. Und weil es damals zu heiß war, verlegte man das Ping-Pong nach draußen, spannte ein Netz und besorgte sich, genau: einige Speckbretter, also Küchenbrettchen. Zurück in Münster, blieb man dem Speckbrett treu, und auch heute noch bildet die Stadt eine Hochburg dieses seltsamen Sports. Der Platz dafür ähnelt dem Tenniscourt, ist jedoch mit lediglich 20 x 8 m etwas kleiner. Und gezählt wird nach Tischtennisregeln, allerdings nach den alten, als die Sätze noch bis 21 gingen. Echte Speckbretter sind jedoch inzwischen nicht mehr im Einsatz. Um Gewicht zu sparen und den Luftwiderstand zu verringern, ist die Schlagfläche aus Holz, Metall oder Kunststoff seit 1970 durchlöchert (aber nicht bespannt). Wer jetzt überlegt, die Sportart zu wechseln, informiere sich unter *www.speckbrett.de.*

Medaille zur Jugend-Europameisterschaft 1975 in Zagreb

• TT IM MÖBELHAUS •

Eine gelungene PR-Aktion für das Tischtennis veranstaltete am 24. März 2001 der Turnklub Berenbostel. Zusammen mit dem Nachbarverein Wacker Osterwald organisierte man eine ganztägige TT-Show in einem Hannoveraner Möbelhaus. 2.000 Besucher konnten dort u. a. das Tischtennis-Sportabzeichen erwerben und so den Sport ein bisschen kennenlernen. Ebenfalls im Möbelhaus wurde des Abends das Regionalligaspiel zwischen Berenbostel und dem TV Glinde ausgetragen. Berenbostel gewann nach einem 0:6-Rückstand noch mit 9:7.

TEAMS, DIE MIT MAXIMAL EINEM MINUSPUNKT DIE PUNKTRUNDE BEENDETEN

Team	Saison	Spiele	Punkte
Borussia Düsseldorf	1969/70	162:49	36:0
Borussia Düsseldorf	1970/71	162:37	36:0
Borussia Düsseldorf	1974/75	152:54	33:1
Borussia Düsseldorf	1978/79	161:47	35:1
ATSV Saarbrücken	1982/83	161:73	35:1
TTC Zugbrücke Grenzau	2000/01	107:28	35:1
Borussia Düsseldorf	2010/11	54:17	36:0

Ab 1984/85 folgen auf die Punktrunde Playoffs mit häufig wechselndem Modus.

MARATHON-MATCHES: DAS LÄNGSTE EINZEL

Einen Weltrekord im Dauer-Tischtennis stellten im September 1979 **Helmut Hanus** und **Volker Fernrath** unter freiem Himmel in Stuttgart auf. Sie duellierten sich 105 Stunden und acht Minuten. Fünf Jahre später hielt es der 30-jährige Elsässer Jean-Marie Sins 150 Stunden und 14 Minuten an der Platte aus. Dabei verschliss er 20 verschiedene Gegner. Noch einmal gesteigert wurde diese Marke von Uwe Geiger und Thomas Opiol, beide von der baden-württembergischen TG Schömberg. Zwischen dem 14. und 21. April 1985 schlugen sie den Ball insgesamt 168 Stunden lang hin und her.

Souvenire der
Slovenian Open 2007 und
der EM in Eindhoven 1998

DIE BESTEN DEUTSCHEN: WIEBKE HENDRIKSEN

WIEBKE HENDRIKSEN wurde 1951 in Kleve geboren, ihre Eltern führten dort eine Apotheke. Schon mit 17 gewann sie Mannschafts-Gold bei der EM in Lyon, nachdem sie im selben Jahr Deutsche Meisterin der Mädchen geworden war. In der Folge gewann die Abwehrspielerin mit den gefährlichen Offensivschlägen u. a. drei Deutsche Einzelmeisterschaften, ein Mal den Mannschaftstitel und zwei Mal den Messestädte-Pokal der ETTU. Ihr vielleicht größter Erfolg war der EM-Sieg im Mixed 1978, als sie an der Seite von Wilfried Lieck ein überragendes Finale spielte. Die Gegner damals trugen große Namen: Es waren die Ungarn Tibor Klampar und Gabriella Szabo.

EIN SPIEGEL ALS HALSKETTE?

Theoretisch wäre es denkbar, sich eine provozierende Zeichnung auf die Vorderseite des Trikots zu kopieren; oder sich beim Match einen Spiegel umzuhängen, dessen Lichtreflektionen den Gegner irritieren könnten. Deshalb besagt das Regelwerk: »*Alle Verzierungen ... vorn oder an der Seite eines Kleidungsstücks sowie irgendwelche Gegenstände – z. B. Schmuck –, die ein Spieler an sich trägt, dürfen nicht so auffällig oder glänzend-reflektierend sein, dass sie den Gegner ablenken können.*«

DIE GRÖSSTEN SPIELER ALLER ZEITEN: ICHIRO OGIMURA

Seine Mutter betrieb eine TT-Schule in Japan, er selbst stieg nach Ende seiner aktiven Laufbahn zum Präsidenten des Weltverbandes ITTF auf. ICHIRO OGIMURAs Leben war gänzlich dem Tischtennis verschrieben. Und in diesem Sport hatte er es auch an der Platte weit gebracht.
1932 geboren, begann er erst mit 16 Jahren, Tischtennis zu spielen. Fünf Jahre später, 1953, wurde er bereits japanischer Meister. Und wiederum ein Jahr darauf krönte er diesen steilen Aufstieg mit seinem ersten Weltmeistertitel. Bis 1965 trat Ogimura bei sämtlichen WM-Wettbewerben an und holte insgesamt zwölf Goldmedaillen.
An die Spitze der ITTF wählte man ihn 1987, und dort blieb er auch bis zu seinem Tod im Jahr 1994.

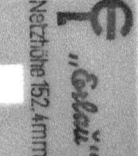

• MATERIALSPIELER UND SPIELERMATERIAL •

Materialspieler sind für die einen das Salz, für die anderen das Haar in der Suppe des Tischtennis. Nicht selten gehen schräge Beläge mit einem schrägen Charakter einher. Und wenn überhaupt dem Antitop- oder Langnoppenspieler ein paar Worte gewidmet werden, dann sind es selten lobende.

Solchen Herabwürdigungen kann sich ein Buch wie das hier vorliegende natürlich nicht anschließen. Wir sind vollkommen der Objektivität verpflichtet und geben deshalb rein sachliche Auskünfte:

• DER ANTI-TOP-TÜFTLER •

Der Erfinder des Anti-Topspin-Belages kommt aus Österreich und heißt Toni Hold. 1937 geboren, kreuzte er 1965 mit einem eigenständig entwickelten Belag in der TT-Welt auf und feierte damit einige Erfolge. Obwohl es heutzutage viele verschiedene Varianten gibt, haben Anti-Tops stets einiges gemeinsam: Sie bestehen aus einem so spröden wie harten Gummi und weisen sehr kurze, kleine Innennoppen auf. Der Schwamm hingegen kommt eher grobporig und weich daher. Diese Eigenschaften zusammengenommen sorgen dafür, dass selbst der spinreichste und härteste Topspinball beim Return wie ein fauler Apfel hinters Netz fällt.

• EIN ANTI-HELD NAMENS HILTON •

Mit einem Anti-Topspin-Belag wurde der Engländer John Hilton im Jahr 1980 sensationell Europameister. Auf seinem Weg ins Finale bezwang er dabei unter anderem den ungarischen Doppel-Weltmeister Gabor Gergely und den französischen Champion Jaques Secrétin. Hiltons äußerlich kaum unterscheidbare Beläge sorgten für zahllose »kleine« Fehler seiner Kontrahenten. Im Endspiel besiegte er den ebenso als totaler Außenseiter gestarteten Tschechen Josef Dvorácek. Viele Journalisten und Fachleute sprachen danach vom schwächsten und unansehnlichsten EM-Endspiel aller Zeiten.

LANGE NOPPEN CONTRA ANTI

Der Anti-Top verlor viele seiner Abwehr-Anhänger, als die langen Noppen auf den Plan traten. Ihre Merkmale: weicher Kautschuk, fast zylindrische Form und darunter ein dünner, weicher Schwamm. Der Effekt: Die Noppen knicken bei seitlichem Auftreffen des Balls ab. Dabei geben sie den ankommenden Spin in umgekehrter Form zurück, sprich: aus Über- wird Unterschnitt. Weil die Returns dadurch kaum mehr berechenbar waren, führte die ITTF zwei neue Regeln ein. 1983 die, dass die Beläge zweifarbig zu sein haben. 1998 jene, die das Verhältnis von Noppenlänge zu -breite neu justiert. Denn je dünner und länger die Noppen, desto stärker der Zufallseffekt.

DER LANGHAARIGE VERTEIDIGER

Bevor die neuen Regeln griffen, hatte das Material-Spiel schon einen Deutschen Meister hervorgebracht: Engelbert Hüging, dessen lange Haare und markige Flüche der deutschen Tischtennis-Welt einen neuen Ton hinzufügten. Der Münsterländer siegte 1978 in Lübeck mit einer schwarz-schwarzen Kombination aus Noppen innen und Langnoppen, die er virtuos zwischen Vor- und Rückhand wechselte.

MIES, STINKIG UND BALD VERBOTEN

Um ihre langen Noppen auch nach Einführung der Zweifarbigkeit wieder zu echten Waffen zu formen, ließen sich ihre Besitzer so einiges einfallen. Mit Beginn der 1990er waren u. a. die folgenden Methoden in Mode, die sämtlich der »Frisierung« dienten: Behandlung mit Haarspray, Sprühlack oder Lösungsmitteln, lagern unter UV-Licht oder in der Mikrowelle, erhitzen im Backofen oder unterm Bügeleisen. Auch diesem Treiben wurde seitens der internationalen Verbände ein Ende gesetzt.

Aber jeder Aktive weiß es:

Die letzte Materialschlacht ist noch lange nicht geschlagen!

Der Entertainer Thomas Schuster alias Jo Brösele alias Jumping Jo übt sich gern im Dauer-Tischtennis. Im September 2005 verbesserte er seinen persönlichen Rekord von 24 auf 25 Stunden. Dabei spielte er 487 Sätze gegen 109 verschiedene Gegner und gewann 100 von 145 Spielen. Auch gegessen wurde während des Spiels (nämlich Pizza), und nur fürs Wasserlassen musste Schuster während der rund 8.000 Ballwechsel zwei Mal von der Platte. Seine Figur Jumping Jo, ein Affe, wurde danach zum Maskottchen des mehrfachen Deutschen Meisters TTF Ochsenhausen.

Einem größeren Publikum bekannt wurde er allerdings im Oktober 2009, als er eine eigenwillige Wette bei »Wetten, dass..?« gewann: Er erkannte 4 von 5 aus 23 Paar Gummistiefeln (»gut eingedampft«, wie Moderator Gottschalk betonte) am Geruch.

• WUSSTEN SIE SCHON, ... •

... dass es sich bei dem Wort »Joola« um ein Akronym handelt?

Ein Akronym ist eine Wortneubildung auf Basis der Anfangsbuchstaben, wie z. B. Kripo (=**Kri**minal**po**lizei). Bei Joola wiederum handelt es sich um eine Verbindung aus **Joo**ss und **La**ndau. Ersteres ist ein Kaufhaus in zweiterer Stadt. Ab 1952 wurden hier Tischtennis-Tische hergestellt.

Schildkröt-
Werbeball,
1980er Jahre

• DIE ITTF •

Die International Table Tennis Federation wurde

1926

in Berlin gegründet. Im Klubhaus des Tennisvereins Gelb-Weiß 1900 trafen sich damals Delegierte aus England, Deutschland, Österreich und Ungarn. Zu den Gründungsmitgliedern zählen zudem Schweden, die Tschechoslowakei und Wales. Heutzutage hat der Verband *226* Mitglieder.

Das vielleicht homogenste und sicherlich ästhetischste National-Trio der TT-Geschichte trug auch den Spitznamen »Die drei Musketiere«. Die Ungarn Istvan Jonyer, Gabor Gergely und Tibor Klampar dominierten zumindest in Europa weite Strecken der 1970er Jahre.

Im Einzelnen:

ISTVAN JONYER
(geb. 1950) wurde 1975 Weltmeister im Herren-Einzel. Außerdem zweifacher Doppelweltmeister (1971 mit Klampar, 1975 mit Gergely) und Mannschaftsweltmeister 1979 (in der Aufstellung Jonyer, Gergely, Klampar). Mit dem letzteren Erfolg beendeten die Ungarn die jahrelange chinesische Vorherrschaft in diesem Wettbewerb. Drei EM-Titeln Jonyers stehen 25 ungarische Meisterschaften zur Seite (6 im Einzel, 11 Doppel, 8 Mixed).

GABOR GERGELY
(geb. 1953) gewann neben zwei WM-Titeln u. a. bei der EM 1978 im Einzel, Doppel und mit der Mannschaft. Im gleichen Jahr siegte er auch beim Top-12-Turnier. Außerdem errang er mehrere nationale Meisterschaften.

TIBOR KLAMPAR
(geb. 1953) begann seine Karriere 1966 als Schüler-Europameister. Zwei WM-Goldmedaillen stehen drei EM-Titel und 25 nationale Meisterschaften gegenüber. 1981 gewann Klampar das renommierte Top-12-Turnier, und 1988 überraschte der 35-Jährige die Fachwelt mit einem vierten Platz bei den Olympischen Spielen. Der als undiszipliniertes Genie geltende Klampar spielte so nah am Tisch, nahm die Bälle so früh wie kein anderer und wurde damit zum Wegbereiter des heutigen Power-Tischtennis.

SCHUPFEN IN UNTERWÄSCHE

Von Pete Sampras, über viele Jahre der erfolgreichste Tennisspieler der Welt, stammt ein seltsames Zitat, das im Jahr 2002 in der St. Louis Post Dispatch erschien. Gemünzt war es auf die neue Generation von Tennisspielern um Andy Roddick, James Blake und Marty Fish. Sampras sagte: »Sie schauen sich die Simpsons an, können nicht mal eine halbe Stunde lang stillsitzen, und nach dem Abendessen spielen sie in Unterwäsche Tischtennis.«

Wie hat er das wohl gemeint?

Mit deutschen TT-Spielern lässt sich ein praller Geburtstagskalender füllen. Wer also immer gern einen Anlass hat, um zu feiern, dem seien hier ein paar geliefert. Alle Aufgeführten waren übrigens mindestens ein Mal Deutscher Meister.

9.1. .... Barthel, Zhenqi (geboren 1987, 4-fache deutsche Meisterin)

13.1. .... Engel, Peter (1955, 2)

25.1. .... Schöpp, Jie (1968, 1)

31.1. .... Hendriksen, Wiebke (1952, 8); Mühlbach, Kathrin (1992, 1)

8.2. .... Leiß, Jochen (1951, 8)

9.2. .... Zörner, Jing-Tian (1963, 2)

11.2. .... Faltermeier, Cornelia (1971, 3)

16.2. .... Nolten, Katja (1970, 1)

3.3. .... Hofmann, Tanja (1980, 4)

7.3. .... Schreiber, Anke (1962, 6)

8.3. .... Boll, Timo (1981, 17)

9.3. .... Prause, Richard (1968, 2)

14.3. .... Lang, Kristin (1985, 8); Vossebein, Berni (1925, 7)

19.3. .... Lamers, Heinrich (1951, 1); Steger, Bastian (1981, 5)

31.3. .... Gäb, Hans-Wilhelm (1936, 4)

2.4. .... Böhm, Josef (1960, 2)

4.4. .... Borsos, Cornel (1962, 3)

14.4. .... Schöler, Diane (1933, 7)

17.4. .... Böhm, Georg (1962, 8); Wosik, Ralf (1958, 6)

18.4. .... Trapp, Jutta (1948, 1)

19.4. .... Wetzel, Edit (1941, 12)

25.4. .... Franz, Peter (1971, 5)

30.4. .... Cords, Jin-Sook (1963, 4)

9.5. .... Hielscher, Lars (1979, 4)

11.5. .... Matthias, Carsten (1963, 1)

22.5. .... Roßkopf, Jörg (1969, 16)

31.5. .... Struse, Nicole (1971, 16)

6.6. .... Robertson, Laura (1984, 1)

8.6. .... Nolten, Hans-Joachim (1959, 1)

9.6. .... Nemes, Olga (1968, 14)

21.6. .... Bollmeier, Nadine (1981, 3); Simon, Agnes (1935, 11)

23.6. .... Baum, Patrick (1987, 3)

7.7. .... Meyerhöfer, Katrin (1979, 1)

10.7. .... Langer, Horst (1939, 2)

12.7. .... Sefried, Reinhard (1955, 1)

17.7. .... Rebel, Jürgen (1963, 2)

19.7. .... Schall, Elke (1973, 9)
20.7. .... Fejer-Konnerth, Zoltan (1978, 1)
22.7. .... Ivancan, Irene (1983, 3)
27.7. .... Jansen, Bernt (1949, 3)
28.7. .... Süß, Christian (1985, 5)
31.7. .... Nieswand, Manfred (1955, 2)
12.8. .... Wenzel, Susanne (1963, 10)
14.8. .... Stumper, Judith (1965, 1)
16.8. .... Schmittinger, Klaus (1950, 4)
17.8. .... Fetzner, Steffen (1968, 7)
19.8. .... Hüging, Engelbert (1957, 1)
25.8. .... Flemming, Alexander (1987, 1); Köstner, Sascha (1975, 1)
27.8. .... Krumtünger, Michael (1957, 1)
29.8. .... Broda, Miroslav (1964, 1); Broda, Vladislav (1964, 2)
2.9. .... Ovtcharov, Dimitrij (1988, 3)
4.9. .... Stähle, Peter (1946, 1)
7.9. .... Gotsch, Qianhong (1968, 1)
11.9. .... Lohr, Kinga (1969, 1)
16.9. .... Stellwag, Peter (1956, 6)
19.9. .... Wu Jiaduo (1977, 1)
27.9. .... Winter, Sabine (1992, 1)
29.9. .... Fischer, Christina (1973, 4); Solja, Amelie (1990, 1);
            Sonntag, Bernd (1963, 1)
8.10. .... Wosik, Torben (1973, 12)
16.10. ...... Böhning, Ilka (1968, 4); Daus, David (1975, 1)
17.10. ...... Jäger, Rolf (1949, 1)
25.10. ...... Scheld, Alexandra (1981, 4)
29.10. ...... Lieck, Wilfried (1945, 16)
30.10. ...... Christ, Nico (1981, 1)
31.10. ...... Praedel, Christiane (1971, 2)
30.11. ...... Walther, Ricardo (1991, 3)
19.12. ...... Dreher, Christian (1970, 1)
22.12. ...... Schlichter, Jörg (1983, 2); Schöler, Eberhard (1940, 13)

Flaschenöffner des holl. TT-Verbandes zum 50. Jubiläum

Tischtennisspielen fördert die Beweglichkeit,
trainiert Konzentrations- und Reaktionsvermögen.

Tischtennis schult verschiedene koordinative Fähigkeiten,
beispielsweise die Hand-Augen-Koordination, da man den Ball schlägt,
ohne auf den Schläger zu schauen.

Tischtennis fördert die neuromotorische Entwicklung von
Kindern und Jugendlichen.

Tischtennis belastet den Körper recht ungleichmäßig,
weshalb ergänzendes Kraft- und Ausdauertraining in niedriger
Intensität empfohlen wird.

Tischtennis kann man in jedem Alter und mit beinahe jeder
gesundheitlichen Vorbelastung spielen.

Tischtennis hat laut einer Magdeburger Studie eine positive Wirkung
auf das Herzkreislaufsystem und gilt deshalb als Gesundheitssport.

Für das Tischtennisspiel sind keine starken Dreh-Bewegungen wie
beim Tennis oder Golf erforderlich. Das geringere Gewicht von Ball
und Schläger schont zudem den Schlagarm und die Wirbelsäule.

GEHIRNJOGGING

Im Mai 2010 begann in Los Angeles ein bis dato einzigartiges Projekt. Mehrmals in der Woche trainieren hier im Gilbert Table Tennis Center am Olympic Boulevard Alzheimer-Patienten unter der Anleitung von medizinisch ausgebildeten Trainern. Bereits in den 1990er Jahren hatten japanische Studien belegt, dass sich Tischtennis positiv auf die motorischen Fähigkeiten der Erkrankten auswirkt. Auch steigert es ihre Konzentrationsfähigkeit.

Hintergrund:
TISCHTENNIS
STIMULIERT
UND
AKTIVIERT
GROSSE TEILE
DES GEHIRNS.

... dass der Ball beim Aufschlag »mindestens 16 cm« aufsteigen soll? Beschlossen wurde diese ITTF-Regel 1987 beim Kongress in Neu Delhi. Wenn man es also genau nähme: Wieviel Prozent aller Services wären dann wohl falsch?

Allerweltsmedaille
unbekannter Herkunft

OHNE MOOS NIX LOS

Berni Vossebein (1925–2021), Tischtennis-Urgestein aus Bochum, hat als Spieler und Betreuer mehr als 50 nationale Meisterschaften erlebt – ein Rekord, den niemand so schnell brechen wird. Auch nahm er an vier Weltmeisterschaften teil, wobei es damit 1956 beinahe nicht geklappt hätte. Der DTTB war so klamm, dass es schließlich des finanziellen Engagements einiger TT-begeisterter Privatleute bedurfte, um Vossebein das Flugticket zu zahlen. Immerhin ging es in jenem Jahr ziemlich weit in die Ferne: nach Tokio.
Vossebein scheiterte jedoch sowohl im Einzel als auch im Doppel bereits in der ersten Runde.

SPORT MIT VOLLEM BAUCH? – NICHT GUT!

Im Gegensatz zu Berni Vossebein waren seine Mannschaftskameraden Leopold Holusek und Josef Seiz von Beginn an nominiert gewesen. Ihren Einsatz im Doppel jedoch verpassten sie – sie hatten den Termin während des Mittagessens schlicht vergessen.

Auch die Ungarin Maria Mednyanszky hätte beinahe ein WM-Match verpasst, und zwar das allererste überhaupt im Jahr 1926. Aufgrund einer Fehlinformation saß sie mit einem Freund in einem Fußballstadion, als sie eigentlich an der Platte hätte stehen sollen. Aber die Sache ging gut aus: Das Spiel wurde nachgeholt, Mednyanszky gewann es genau wie alle weiteren und wurde Weltmeisterin. Im Endspiel siegte sie glatt gegen die Österreicherin Gertrude Wildam mit 21:9, 21:15, 21:12.

──────── • SCHWERE JUNGS • ────────

Die Juni-Ausgabe 2001 des »Deutschen Tischtennis-Sports« (*dts*) präsentierte einmal nicht die besten, sondern die schwersten Mannschaften des Landes. Dabei siegte der FC Maxhütte-Haidhof knapp vor dem ASV Altenlingen und dem SV Iptingen. Das Durchschnittsgewicht der Jungs aus Haidhof betrug 117,4 Kilogramm pro Spieler.

──────── • ALLE ZU DICK • ────────

Irgendwie ging es nicht mit rechten Dingen zu bei den German Open 2011 in Dortmund. Da hatte es anfangs tatsächlich den Anschein, als bestehe der Tischtenniszirkus zu großen Teilen aus billigen Betrügern. Gleich sechs Teilnehmer wurden nach der ersten Runde vom Turnier ausgeschlossen, weil man ihnen zu dicke Schläger attestierte. Weil das nun aber manchem recht spanisch vorkam, gelangte schließlich das Testgerät selber auf den Prüfstand. Und siehe da: Es war defekt und zeigte um bis zu 80 % erhöhte Werte an. Die betroffenen Spieler, das dürfte klar sein, wurden rehabilitiert und stiegen wieder ins Geschehen ein.

Lupe zur Messung der Belagstärke

PROMINENTE HOBBY-SPIELER: THEO ZWANZIGER

Der ehemalige DFB-Präsident hatte bei seiner Party zum 60. prominenten Besuch: Jörg Roßkopf und Steffen Fetzner lieferten sich einen Showkampf vor den Augen der Gäste. Danach griff Zwanziger selbst zum Schläger und maß sich mit Horst Eckel, dem Fußballweltmeister von 1954. »Zwar musste ich im Duell mit Horst Eckel erfahren, dass meine frühere Spielfähigkeit sehr gelitten hat, dies berührt allerdings nicht meine Sympathie für diese Sportart«, erklärte Zwanziger danach. Er sei schon »von Kind an ein großer Freund des Tischtennissports«.

DIE HIERARCHIE DES DEUTSCHEN TISCHTENNIS

...............DTTB........................
..........REGIONALVERBÄNDE............
...............LANDESVERBÄNDE....................
...................................BEZIRKE..
.............................KREISE...................................
...............................VEREINE...............................
..................................MITGLIEDER............................

IN ANZUG UND KRAWATTE AN DIE PLATTE

Einer der buntesten Hunde im englischen Tischtennis war Chester Barnes. Der Mann aus Essex hatte seine beste Zeit in den 1960ern. Da gewann er fünf Mal die nationale Meisterschaft und brachte es bis auf Platz 16 der Weltrangliste. Zugleich jedoch galt Barnes als widerspenstig und unberechenbar. Immer wieder legte er sich mit dem Verband an und wurde gesperrt. So auch vor einem internationalen Vergleich, bei dem sein Team gegen die ČSSR antrat. Barnes war nichtsdestotrotz angereist. Und als der Schiedsrichter ihn im Publikum erblickte, machte er einen Fehler: »Barnes to serve«, sagte er nach der Auslosung, und prompt sprang Chester, vor den Augen der versammelten ETTU-Garde, in Anzug und Krawatte an die Platte.

Barnes weigerte sich stets, allzu lange Trainingsläufe zu bestreiten oder Gewichte zu stemmen. Manchmal erzählte er Witze während des Ballwechsels, aber irgendwann hörte der Spaß auf. Chester Barnes, die berühmteste Figur nach Desmond Douglas, wandte sich der Pferdezucht zu. Und weigerte sich fortan beharrlich, je wieder über Tischtennis zu reden.

Wie so vieles entstand auch das Kopfballtischtennis per Zufall. Weil der Fußballplatz des Schwimmbades belegt war, wich der Saarbrücker René Wegner auf die Tischtennisplatte aus. Dort beschlossen er und seine Kumpels, den Ball lediglich mit dem Kopf übers Netz zu befördern. Wegner, ein Sportstudent, trug das Spiel an die Uni und brachte es 2008 ins offizielle Programm des Hochschulsports ein. Was folgte, war ein kleiner Siegeszug des neuen Sports: Zahlreiche Headis-Vereine schossen aus dem Boden, und aus ersten Turnieren entwickelte sich schnell auch die WM-Premiere. Längst verfügt das Kopfballtischtennis auch über eigene Plattformen im Internet (z. B. *www.headis.com*).

Wie der Name schon sagt, darf der Ball beim Headis nur mit dem Kopf gespielt werden. Dafür ist es aber erlaubt, die Platte mit sämtlichen Körperteilen zu berühren. Ebenso regelkonform sind Direktabnahmen, also Volleys. Das Spielgerät besteht aus Gummi und rangiert von der Größe her irgendwo zwischen Tennis- und Handball. Mit 100 g ist es zudem deutlich schwerer als ein Tischtennisball. Ganz im Sinne des dominierenden Fun-Charakters geben sich die Spieler markante Kampfnamen und treten gerne in selbst gestalteten, originellen Outfits an.

BRUCE LEE UND SEIN NUNCHAKU

Eines der spektakulärsten Showvideos zum Tischtennis verdankt die Welt dem alten Karate-Kid Bruce Lee. In dieser Schwarz-Weiß-Sequenz, einem Werbefilm für das Nokia N96-Handy, spielt Lee statt mit einem herkömmlichen Schläger mit einem sogenannten Nunchaku. Dabei handelt es sich um eine Handwaffe (ein »Würgeholz«, sehr unangenehm eigentlich), die aus zwei mit einer Kette verbundenen Holzstäben besteht. Wie die berühmte Tischtennis-Szene aus »Forrest Gump« im Wesentlichen am Computer entstand, ging natürlich auch hier nicht alles mit rechten Dingen zu. Aber spektakulär aussehen tut es allemal (z. B. unter *www. tischtennis-magazin.de/video-bruce-lee-spielt-tischtennis-auf-seine-art*).

MARATHON-MATCHES: DAS UNENTSCHIEDEN

In einem Verbandsligaspiel der Saison 1960/61 zwischen Rheinland Ruhrort und Adler Frintrop standen sich die beiden Sicherheitsspezialisten **Werner Korten** und **Werner Quay** gegenüber. Als der erste Satz nach 20 Minuten abgebrochen wurde (so besagte es damals die Regel), führte Korten mit 4:3. Den zweiten Satz gewann hingegen Quay, weil er nach der selben Zeit einen Punkt gemacht hatte, sein Gegner hingegen gar keinen. Im Entscheidungsdurchgang schließlich erlaubte sich keiner der Kontrahenten eine einzige Schwäche. Auch nach fünfminütiger Verlängerung stand es noch 0:0, und so musste das Match als Unentschieden gewertet werden.

5,5 ZU 3,5

Etwas Ähnliches hatte die TT-Gemeinde bereits bei der WM in Österreich 1937 erlebt. Das war die erste nach den furchtbaren »Löffelspielen« in der Tschechoslowakei, wo der TT-Sport durch öde Marathonmatches an den Rand seiner Existenz gelangt war. Um dem etwas entgegenzusetzen, hatte die ITTF die Maximaldauer eines Spieles zunächst auf eine halbe Stunde festgesetzt. Schon im Mannschaftswettbewerb führte dies zu einem kuriosen

5,5 : 3,5

der Jugoslawen gegen Ägypten, einem Ergebnis also, das man eher dem Schach zuordnen würde. Der Grund: Das Spiel Senekovic gegen Abou Heif überschritt das Zeitlimit schon im ersten Satz und wurde deshalb abgebrochen und unentschieden gewertet.

EIN WACKLIGER WETTBEWERB

Während die Herren ihren Pokalsieger ununterbrochen seit 1957/58 ermitteln, begannen die Damen erst ein Jahr später. Und sie hörten auch nach der Saison 1984/85 zunächst sang- und klanglos wieder damit auf. Die ersten Deutschen Pokalmeisterschaften der Damen hatte 1959 die SG Eintracht Frankfurt gewonnen. Und auch 1985 landete ein Frankfurter Team ziemlich weit vorn: Die Frankfurter TG wurde Zweite hinter dem ATSV Saarbrücken. 2013 wurde der Damenwettbewerb schließlich wieder aufgenommen.

DIE EUROPE TOP-12

DIE JÜNGSTEN SIEGER

Herren: Jan-Ove Waldner: 18 Jahre und 4 Monate (1984, Bratislava)
Damen: Olga Nemes (Rumänien): 14 Jahre und 8 Monate (1983, Cleveland)

DIE GEWINNER BEI IHRER ERSTEN TEILNAHME

Herren: 1971 Istvan Jonyer (Ungarn)
1982 Mikael Appelgren (Schweden)
2002 Timo Boll
Damen: 1971 Beatrix Kishazi (Ung.), 1975 Ann-Christin Hellman (Schwe.)
1983 Olga Nemes (Rumänien)
1990 Gabriella Wirth (Ungarn)
1993 Emilia Ciosu (Rumänien)
1994 Jie Schöpp
1996 Ni Xia Lian (Luxemburg)
1999 Qianhong Gotsch

DIE ÄLTESTEN SIEGER

Herren: Dragutin Surbek (Jugoslawien): 32 Jahre und 5 Monate
(1979, Kristianstad)
Damen: Li Jiao (Holland): 37 Jahre und 23 Tage (2010, Frankfurt)

DIE HÄUFIGSTEN TEILNAHMER

Herren: Jean-Michel Saive (Belgien): 20 Mal (ununterbrochen von
1990 bis 2009)
Damen: Bettine Vriesekoop (Holland): 19 Mal (zwischen 1978 und 1999)

DIE ERFOLGREICHSTEN NATIONEN

Herren: Schweden, 14 Siege
Damen: Ungarn, 9 Siege

DIE ERFOLGREICHSTEN SPIELER

Herren: Jan-Ove Waldner (Schweden): 7 Siege
Damen: Beatrix Kishazi (Ungarn) und Li Jiao (NL): je 4 Siege

DEUTSCHE SIEGER

Herren: Timo Boll: 7 Siege, Dimitrij Ovtcharov (5), Patrick Franziska (1)
Damen: Olga Nemes: 1 Sieg, Jie Schöpp (2), Qianhong Gotsch (2), Nicole
Struse (1), Wu Jiaduo (1), Petrissa Solja (2), Nina Mittelham (1)

Seit 2016 heißt der Wettbewerb
Europe Top-16.

DIE BESTEN DEUTSCHEN:
HILDE(GARD) BUSSMANN

Die Düsseldorferin HILDE BUSSMANN (1914–1988) war bis zum Jahr 2005 deutsche Rekordmeisterin im Damen-Einzel. Sieben Mal holte sie diesen Titel, während Nicole Struse in besagtem Jahr zum achten Mal gewann. Im Doppel sowie mit der Mannschaft errang Bussmann 1939 den Weltmeistertitel, und 1951 gehörte sie zur ersten DTTB-Auswahl, die nach dem Krieg wieder an einer WM teilnehmen durfte. Sie errang sieben weitere WM-Medaillen. Für ihre Verdienste verlieh ihr der Bundespräsident 1957 das Silberne Lorbeerblatt. Glücksspiel statt Sport stand hingegen bei ihrem Berufsalltag im Vordergrund: Zusammen mit ihrer Freundin Karin Lindberg betrieb Hilde Bussmann eine Düsseldorfer Lotto- und Toto-Annahmestelle.

TT-Maus mit vorbildlicher Schlägerhaltung

DAS DEUTSCHE TISCHTENNIS-INTERNAT

Was in China längst gang und gäbe war, begann in Deutschland im Jahr 1985: Das erste echte Tischtennis-Internat nahm seinen Betrieb auf.
Worum es ging? – Vielversprechende Nachwuchskräfte sollten unter einem Dach wohnen, voneinander profitieren und sich intensiv ihrem Sport widmen. Wobei die Schule natürlich auch nicht zu kurz kommen durfte. Unter den ersten Bewohnern waren direkt auch ein paar Volltreffer: Die Namen Jörg Roßkopf, Steffen Fetzner und Nicole Struse las man später noch in ganz anderen Zusammenhängen.
Seit 2006 ist die Institution in Düsseldorf beheimatet. Mussten Rossi und Speedy 1985 noch mit dem Seitenflügel einer Fußballschule vorlieb nehmen, so ist in der NRW-Landeshauptstadt nun alles auf Tischtennis ausgerichtet. Die Idee für ein Deutsches Tischtennis-Zentrum (DTTZ) geht zurück auf den Franzosen Charles Roesch, deutscher Nationaltrainer von 1983 bis '89.

PROMINENTE HOBBY-SPIELER:
DIE TOTEN HOSEN

Als Gast der beliebten WDR-Sendung »Zimmer frei« erzählte die Band, dass sie auf jeder Tour eine TT-Platte dabeihabe. Vor dem Konzert stünden dann stets einige Matches an. Frontmann Campino, so erfuhr man, spiele eher mittelmäßig und sei zudem kein ganz einfacher Verlierer. 2008 war Ex-Europameister Jörg Roßkopf zu Gast bei einem Hosen-Konzert in Frankfurt und sagte: »Sie sind schon lange Freunde von mir und wollen immer gegen mich spielen, denn sie sind begeisterte Tischtennisspieler.« Nach seiner Trainingsstunde fügte er hinzu, dass er beim nächsten Mal einige neue Schläger mit Frischklebeeffekt mitbringen wolle: Die Hosen seien halt »sehr ehrgeizig«.

KAMPFLOS IST NICHT
GLEICH KOSTENLOS

Vor allem gegen Ende der Saison tendieren manche Teams dazu, bei personellen Engpässen gar nicht erst anzutreten. Sei es, dass der Tabellenplatz längst gesichert oder der Abstieg besiegelt ist. Damit dieses unsportliche Verhalten nicht ausufert, hat der DTTB einen Strafenkatalog für Nichtantreten aufgestellt.

1. BL: 3.000 Euro
2. BL: 1.500 Euro
3. BL: 750 Euro | Herren
750 Euro | Damen
RL: 750 Euro | Herren
500 Euro | Damen

Ähnlich hoch sind die Werte für einen kompletten Rückzug während der laufenden Saison.

PING PONG EARRINGS

Die englische Designermarke Tatty Devine hat sich mit einigen Produkten dem Tischtennis verschrieben. Warum auch nicht – Tischtennis macht schön! So kann man bei verschiedenen Internetanbietern unter anderem ein paar Ohrringe in der Form von TT-Schlägern bestellen (rund 40 engl. Pfund). Nicht weniger charmant: die Ping-Pong-Halskette und die entsprechenden Manschettenknöpfe für den sportlich-eleganten Herrn.

Im deutschen Tischtennis scheint nichts ohne Liebherr zu laufen – kein Turnier, keine Platte oder Bande, die nicht diesen Schriftzug trüge. Aber wer oder was ist das eigentlich: Liebherr?

Firmengründer Hans Liebherr (1915–1993) hatte sein Stammhaus in Kirchdorf an der Iller/Baden-Württemberg. Seine erste und folgenreichste Erfindung: der mobile Turmdrehkran von 1949, der fortan auf keiner Baustelle fehlen durfte. Dementsprechend gestaltet sich auch die heutige Produktpalette, die von Gefriergeräten über Raupenfahrzeuge bis zu Spezialmaschinen wie dem Knickgelenk-Muldenkipper reicht. Inzwischen beschäftigt das Familienunternehmen über 32.000 Mitarbeiter. 2005 begann Liebherr damit, die deutsche Nationalmannschaft und die ITTF zu sponsern.

Bonbon-Päckchen aus China; angeblich extrem unlecker

● **DIE 1. WM-MARKE** ●

Was bald Usus werden sollte, erlebte 1953 in Bukarest seine Premiere: die WM-Briefmarke. 55 Bani waren die beiden Marken mit Tischtennismotiven wert, und sie erschienen in einer Auflage von 2 Mio. Philatelisten finden sie im Michel-Katalog als Nummer 1/423 und 1/424. Zusätzlich wurde ein sogenannter Ersttagsstempel herausgegeben. Dabei handelt es sich um einen motivisch an die Marke angeglichenen Stempel, der das Datum des Ersttags der Veröffentlichung trägt.

... dass der Deutsche Tischtennis-Bund in den ersten 56 Jahren seines Bestehens nur zwei Generalsekretäre verschliss?

Kaum ein anderer deutscher Sportverband dürfte diesem Rekord auf der Ebene des hauptamtlichen Verwaltungschefs nahekommen. Paul Steffenhagen hatte den Posten von 1925 bis 1945 inne, Jupp Schlaf steigerte dessen lange Amtszeit sogar auf 32 Jahre (1949–1981).

━━━━━━━━━━━━ • **KRÜMMEN, SPREIZEN, BALLEN** • ━━━━━━━━━━━━

Das Portal *www.mytischtennis.de* hat einmal untersucht, was eigentlich die freie Hand eines Spitzenspielers während des Ballwechsels macht. Eigentlich braucht man die ja nicht, aber ganz offensichtlich spielt auch hier ein gewisser Zauberglaube mit. Folgendes wurde festgestellt:

.... WLADIMIR SAMSONOW ....
Krampfhaft geschlossene Faust, seltene Streckung von Zeige- und Mittelfinger.

.... JUN MIZUTANI ....
Der Japaner gilt den Testern als Boxer unter den TT-Spielern. Ballt die Faust noch intensiver als sein weißrussischer Kollege.

.... CHRISTIAN SÜSS ....
Scheint sich selbst den Daumen zu drücken – klemmt ihn oft zwischen Zeige- und Mittelfinger ein.

.... TIMO BOLL ....
Die Finger der rechten Hand sind fast immer gestreckt, oft sogar überstreckt bei leichtem Abspreizen des Zeigefingers.

.... SEBASTIAN STEGER ....
Ihm wird fast perfektes Luftgitarrenspiel attestiert. Allerdings imitiere er nicht das Anschlagen der Saiten, sondern das Greifen von Akkorden.

.... JAN-OVE WALDNER ....
Gleichmäßige Fingerkrümmung wie bei einem Klavierspieler wechselt ab mit gestreckten Fingern. Der geknickte Daumen liegt oft im Handgelenk.

.... ZHENQI BARTHEL ....
Die deutsche Spitzenkraft präsentiert locker gespreizte Finger sowie – nach Punktgewinn – die Faust.

In der Vorrunde der WM 1991 in Chiba/Japan hatte Deutschland vor dem letzten Gruppenspiel den 2. Platz sicher. Und Deutschland – jetzt wird es kompliziert – wollte auch gar nicht 1. werden. Genau wie sein Gegner, China. Der Grund: Der Gegner des Zweitplatzierten würde Italien sein, ein leichtes Los also. Der Skandal begann damit, dass China seine beiden ersten Matches beinahe kampflos abschenkte. Und er setzte sich fort mit der taktisch geschickten, sportlich jedoch fragwürdigen Antwort der Deutschen: Sie brachen das Spiel ab, verloren 2:3 und hatten damit erreicht, was sie wollten.

Die ITTF reagierte umgehend und schloss Bundestrainer Cordas vom weiteren Turnier aus. Die deutsche Mannschaft schlug wie erwartet Italien, verlor jedoch im Viertelfinale gegen Jugoslawien und wurde 5. China hingegen endete, sehr enttäuschend, auf dem 7. Rang.

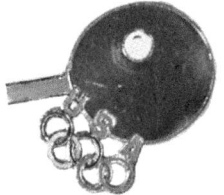

US-Pin zu Olympia 1989 in Seoul

DIE BESTEN DEUTSCHEN: GABRIELE GEISSLER

9 Mal Deutsche Meisterin im Einzel, 9 Mal im Doppel und 3 Mal im Mixed: Die Bilanz der GABRIELE GEISSLER wird für alle Zeiten ungebrochen bleiben. Denn ihr Staat, die DDR, existiert nicht mehr.

Die gebürtige Dresdnerin kam 1944 zur Welt und spielte als Schülerin zunächst sehr erfolgreich Schach. Erst mit 14 trat sie in einen TT-Verein ein, den SC Einheit Berlin. Mit dem BTC Außenhandel Berlin wurde sie zwischen 1965 und 1975 ununterbrochen DDR-Meister, darüber hinaus gewann das Team 1968 und 1969 den Europapokal der Landesmeister. International feierte sie ihren größten Erfolg 1969, als sie bei der WM in München die Silbermedaille gewann. Ein Jahr später jedoch endete die internationale Karriere der als sehr fair bekannten Sportsfrau. Sie überwarf sich mit dem Verbandstrainer, man unterstellte ihr »Westkontakte«, Gabriele Geißler wurde gesperrt.

Nach der Wende war sie noch einmal in der 2. Bundeliga aktiv, bevor sie 1994 ihren Schläger an den berühmten Nagel hängte. Gabriele Geißler, verheiratete Orgis, starb 2006 an Krebs.

INNOVATIONEN 1960

Bei der WM in Dortmund 1960 werden einige Neuerungen präsentiert, die sich weltweit durchsetzen: Die Schiedsrichtertische werden mit Uhren für etwaiges Zeitspiel ausgestattet, und zum besseren Verfolgen des Spiels blicken die Zuschauer nun auf Zählgeräte.

Im selben Jahr jedoch muss der DTTB auch manches einstecken: Weil er darauf besteht, die Europameisterschaften 1962 ausgerechnet in Berlin auszurichten, sagen sämtliche Ostblockländer außer Jugoslawien ihre Teilnahme ab.

DIE ERSTE LEUCHTTAFEL

Der Tischtennissport und der technische Fortschritt gingen stets Hand in Hand. Zur vielbeachteten Innovation der WM 1965 in Jugoslawien wurde eine Leuchttafel, die den 10.000 Zuschauern die aktuellen Ergebnisse übermittelte. Hell genug scheint sie auf jeden Fall gewesen zu sein, bestand sie doch, neben 15.000 Transistoren, aus 7.500 Glühbirnen.

DAS HANDTUCH-RITUAL

Fast jeder Spieler, egal welcher Sportart, ist abergläubisch. Und aus dem Aberglauben heraus entstehen bestimmte Rituale, deren Einhaltung Glück versprechen soll. Während manch einer nur stumme Beschwörungsformeln in den eigenen Kopf hineinmurmelt, hatte der zweifache Deutsche Meister und spätere Nationaltrainer Richard Prause eine ausgesprochen auffällige Angewohnheit. Ein Journalist beschrieb die beinahe religiöse Zeremonie einmal folgendermaßen:

»Nach jedem Satz kniet er sich nieder, bindet erst den linken, anschließend den rechten Schuh. Mit selbstbewusstem Gang schreitet er zur Handtuchbox, faltet das erst auf dem einen, dann auf dem anderen Oberschenkel abgelegte Objekt, das nicht nur zur Beseitigung des Schweißes dient, exakt dreimal. Nun wird es fein säuberlich glatt gestrichen, und während eines lockeren Tänzelns tupft er sich mit dem akkurat hergerichteten Stück Frottee sein Gesicht in raschem Rhythmus trocken.«

Prause bestätigte später, dass dies keineswegs ein Ritual nur seiner Profi-Jahre gewesen sei: »Eigentlich mache ich das sogar schon immer.«

Der 1945 in Dänemark geborene Wilfried Lieck ist eine Legende. Niemand spielte so lange in der Bundesliga wie er, niemand so viele Jahrzehnte auf höchstem Niveau. Ihm beim Spiel zuzusehen, hatte ganz besondere Qualitäten. Denn Liecks Technik kam stets höchst originell daher: Dem Wesen nach war er ein Blockspieler, der auch härteste Topspins direkt am Tisch stehend retournierte. Sein eigener Zugball kam beinahe aus dem Handgelenk. Eine schnelle rollende Bewegung, die zwar weder viel Spin noch hohes Tempo erzeugte. Aber dafür eben dem Gegner auch keinerlei Anhaltspunkt dafür bot, auf welcher Seite der Ball denn nun landen würde.

Liecks größte Erfolge: fünf Deutsche Meisterschaften im Einzel (er leitete 1970 das Ende der Ära Schöler ein) sowie zahlreiche weitere Titel im Doppel und im Mixed. Erstmals Mannschaftsmeister wurde der gelernte Lehrer 1970 mit Borussia Düsseldorf, aber sein Heimatverein war lange Moltkeplatz Essen und sodann der TTC Altena. International verbuchte er einen EM-Erfolg im Mixed 1978 (mit Wiebke Hendriksen) sowie zwei zweite Plätze mit der Mannschaft bei der WM 1969 und der EM 1980.

Für Wilfried Liecks jahrzehntelange Konstanz sprechen nicht zuletzt mehrere Weltmeistertitel im Seniorenbereich.

Schlüsselanhänger zur WM 2008 in China

EINEN TEPPICH FÜR DEN SIEG

Heutzutage gewinnen TT-Stars unter Umständen neben ihrem Preisgeld noch ein dickes Auto, wenn der richtige Sponsor mit im Boot sitzt. Bei der WM 1965 in Ljubljana (Jugoslawien) war das alles noch eine Nummer bescheidener. Der Herren-Einzel-Sieger erhielt ein Moped, die Siegerin bei den Frauen einen Teppich.

Passend zu all diesen Skurrilitäten wurde bei diesem Wettbewerb sogar ein Miss-Wettbewerb durchgeführt. Zur hübschesten Frau an der Platte wurde dabei die Ghanaerin Ethel Jacks gekürt.

DIE PINGPONGDOOR

Auf der Möbelmesse 2011 in Köln präsentierte der Designer Tobias Fränzel eine Weltneuheit. Für alle, die beengt wohnen oder denen der Betontisch am Spielplatz zu weit ist, konstruierte der Berliner eine Tischtennistür. Was man sich darunter vorzustellen hat? –
Bei der PingPongDoor handelt es sich um eine ganz normale Tür, deren Innenteil – das Futter – aufgeklappt werden kann. In Nullkommanichts wächst die Platte von der Senkrechten in die Horizontale und verwandelt sich in ein Sportgerät. Die Maße (rund 86 x 200 cm) entsprechen natürlich nicht ganz denen der ITTF, aber für ein Match zwischen Küche und Wohnzimmer reicht es allemal.

PING MEETS PONG

Der »Ping meets Pong«-Tisch, so die Designer Fidel Peugeot und Karl Emilio Pircher, kann als Ess- und Konferenztisch mit Drehteller (sog. Lazy Susan) verwendet und mithilfe eines aufsteckbaren Netzes im Handumdrehen zu einem Tischtennistisch umfunktioniert werden (www.walking-chair.com).

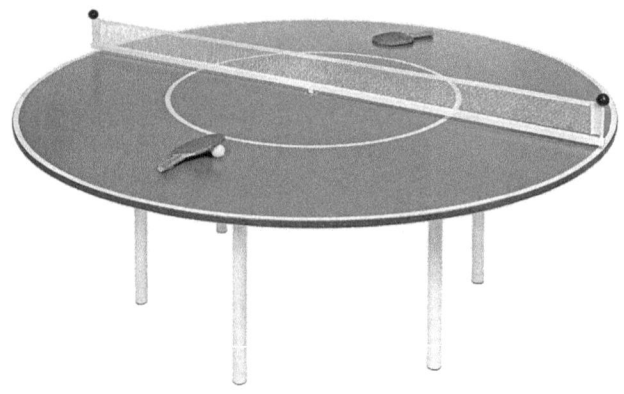

SCHAMLOS

Wie weit man sportlichen Überehrgeiz treiben kann, demonstrierte der ungarische Verband bei der WM in Japan 1983. Als während der Wettkämpfe unerwartet der Vater der ungarischen Spitzenspielerin Gabriella Szabo starb (er war erst 47 Jahre alt), verschwieg man ihr diesen Trauerfall. Erst nach ihrer Rückkehr in Ungarn erfuhr sie von dem Unglück.
Szabo war in keinem Wettbewerb über das Achtelfinale hinausgekommen.

DIE KNIPSAUFSCHLÄGE

Bei den Weltmeisterschaften 1937 in Österreich gewannen die Amerikaner beide Mannschaftstitel. Außerdem siegten sie im Herrendoppel. Dafür verantwortlich waren vor allem die gefährlichen Knipsaufschläge der US-Spieler, die sie schon im Jahr zuvor recht erfolgreich praktiziert hatten. Dabei trugen sie eine Gummikappe über dem Daumen und flitschten den Ball mit Daumen und Zeigefinger gegen den Schläger. Der auf diese Art erzeugte Effet war für die Gegner völlig unberechenbar. Deshalb hieß diese Technik auch »Fingerspin«.

Schon ein Jahr später, bei der WM in England, waren die Knipsaufschläge verboten.

FLIEGENDER WECHSEL

Einen ersten Kniff gegen die Trickaufschläge der US-Boys entwickelte der Pole Alex Ehrlich. Den Return absolvierte er mit einem schnitt-unempfindlichen Brettchen, um dann »fliegend« zu seinem eigentlichen Noppengummi-Schläger zu wechseln.

KNIPS GEGEN KNIPS

Noch während der WM ahmten einige Spieler die amerikanische Technik nach. Dies führte im Match Lejeune (Belgien) gegen den Tschechen Vana zu einem kuriosen Verlauf: Jeder der beiden machte bei eigenem Service jeweils alle Punkte, das Match durchlief also die Stationen

5:0, 5:5, 10:5, 10:10
und so weiter.

Als Bohumil Vana schließlich einen Aufschlag seines Gegners erfolgreich retournierte, gewann er das Spiel.

VERDAMMTER HIPPIE

Anders geartete Aufschlagprobleme hatte hingegen der deutsche Spitzenspieler Engelbert Hüging 1983. Beim Europaliga-Match gegen die ČSSR (heute: Tschechien und Slowakei) wurde er vom Schiedsrichter verwarnt. Der Grund: Hügings lange Haare verdeckten beim Service angeblich den Ball.

Die Tochter eines recht erfolgreichen chinesischen Tischtennis-Spielers wurde 1973 geboren. Schon mit fünf Jahren stand sie an der Platte, und obwohl sie nur bis auf eine Höhe von 1,49 m wuchs, war ihr sportlicher Aufstieg unaufhaltsam. Als sie ihre aktive Karriere mit erst 24 Jahren beendete, standen neun WM-Titel und vier olympische Goldmedaillen zu Buche. Volle acht Jahre lang, von 1990 bis 1997, führte sie die Frauen-Weltrangliste an. Kein Wunder, dass man sie in China zur »Athletin des Jahrhunderts« wählte.

Nach ihrem Rücktritt durchlief Deng Yaping ein Studium, das sie mit dem Doktortitel in Wirtschaftswissenschaften abschloss.

UNBRAUCHBARER TEST

Am Rande der Weltmeisterschaften im englischen Manchester 1997 richtete die ITTF ein Turnier aus, bei dem es vor allem um größere Bälle ging. 40 Millimeter maßen sie im Durchmesser, also zwei mehr als die bisherigen. Hintergrund: Die Größe sowie der höhere Luftwiderstand sollten zu längeren, langsameren und damit attraktiveren Duellen führen. Aber der Test endete, so schrieb der *dts*, ohne brauchbare Ergebnisse.

Auch beim ITTF-Kongress des Jahres 1999 scheitert der Antrag auf Einführung eines größeren Balls knapp an der erforderlichen Zweidrittel-Mehrheit. Erst ein Jahr später war es dann soweit ...

Österreichischer Spielerpass, ca. 1950

Der 1934 gegründete TT-Verein absolvierte genau eine Saison in der 1. Bundesliga (1996/97) und belegt seitdem abgeschlagen den letzten Platz der Ewigen Tabelle. Das Ergebnis nach 22 Spielen: 0:44 Punkte. Im Einzelnen:

	Spiele	Sätze
Borussia Brand – TTC Jülich	0:6	0:12
TTF Liebherr Ochsenhausen – Borussia Brand	6:0	12:1
Borussia Brand – TTF Bad Honnef	0:6	1:12
TV Müller Gönnern – Borussia Brand	6:0	12:0
Borussia Brand – TTC Zugbrücke Grenzau	0:6	1:12
Borussia Düsseldorf – Borussia Brand	6:1	12:3
Borussia Brand – TTC Frickenhausen	0:6	1:12
Post-SV Mülheim – Borussia Brand	6:1	12:3
Borussia Brand – TSV Maxell Sontheim	1:6	2:13
Borussia Brand – Team Galaxis Lübeck	1:6	3:12
1. FC Bayreuth – Borussia Brand	6:0	12:1
TTC Jülich – Borussia Brand	6:1	13:2
Borussia Brand – TTF Liebherr Ochsenhausen	0:6	2:12
TTF Bad Honnef – Borussia Brand	6:0	*
Borussia Brand – TV Müller Gönnern	0:6	*
TTC Zugbrücke Grenzau – Borussia Brand	6:0	*
Borussia Brand – Borussia Düsseldorf	0:6	1:12
TTC Frickenhausen – Borussia Brand	6:0	12:0
Borussia Brand – Post-SV Mülheim	0:6	0:12
TSV Maxell Sontheim – Borussia Brand	6:0	12:1
Team Galaxis Lübeck – Borussia Brand	6:0	12:1
Borussia Brand – 1. FC Bayreuth	2:6	4:12

* Sätze unbekannt

• FALSCHE SEITE? – GIBT ES NICHT! •

Beinahe hätte das Jahr 1955 den Doppelmodus revolutioniert. Die Mitglieder der ITTF diskutierten auf ihrem Kongress damals nämlich tatsächlich den Wegfall der Mittellinie. Danach hätte der Aufschlag dann auch wahlweise nach rechts gespielt werden dürfen. Die Überlegung wurde jedoch genauso vom Tisch gefegt wie der Antrag Belgiens, die gerade aufgekommenen Schwammbeläge schon wieder zu verbieten.

STALLREGIE

1961 fanden die Weltmeisterschaften erstmals in China statt, und der Aufstieg dieses Landes zur Tischtennis-Großmacht war unaufhaltsam. China gewann beide Einzelwettbewerbe sowie den Mannschaftskampf der Herren. So weit, so gut. Eigenwillig und in höchstem Maße unsportlich jedoch gestalteten sich die direkten Aufeinandertreffen chinesischer Spieler. Hier nämlich entschieden die Funktionäre, wer weiterzukommen habe. 13 Spiele wurden gemäß dieser rigiden Stallregie kampflos abgeschenkt.

TAIWAN-FORMOSA-NATIONALCHINA

Taiwan ist eine kleine Insel vor China, die seit Jahrzehnten darum kämpft, als eigenständiger Staat anerkannt zu werden. Erstmals Ende des 16. Jh. landeten dort europäische Seeleute. Da es sich um Portugiesen handelte, tauften sie das Eiland »Ilha formosa« – schöne Insel. Formosa, das war auch der Name, unter dem die Taiwan-Chinesen bei der WM 1963 in Prag antreten sollten. Sie selbst bestanden jedoch auf der Bezeichnung »Nationalchina«. Die Tschechoslowakei wiederum war damals ein kommunistischer Staat, solche Namensstreitigkeiten wurden im Kalten Krieg immer heiß gehandelt. Und das hatte Folgen: Der Weltverband schloss Taiwan-Formosa-Nationalchina aus.

HEUTE HUI, MORGEN PFUI

1966 begann die chinesische »Kulturrevolution«, und plötzlich propagierte man den Hass auf alle Privilegierten. Tschien-Tsien, der Vizepräsident des Internationalen Tischtennis-Verbandes, soll von Rotgardisten an einem Strick durch Peking gezerrt worden sein. Dabei musste er einen Spitzhut tragen, das Symbol für Volksfeinde. Und Zhuang Zedong, der dreimalige Einzel-Weltmeister, bekannte reuig: »Niemals hätte ich im Westen als Siegesprämie Armbanduhren und Transistorgeräte annehmen dürfen. Ich schäme mich sehr.«
Drei Jahre lang blieb China allen offiziellen Turnieren fern.

KEINE KOMMUNISTEN IN MELBOURNE

Die Weltmeisterschaften von 1967 hatten ursprünglich in Melbourne stattfinden sollen. Weil man sich jedoch in der Zeit des Vietnamkrieges befand, behielt sich die australische Regierung vor, unliebsamen Ländern die Einreise zu verweigern. Vor allem betraf dies das kommunistische Nordvietnam. Die ITTF zog die Konsequenzen aus diesem Verhalten, indem sie die Spiele nach Stockholm vergab.

AUFGABE WEGEN POLITISCHER FEINDSCHAFT

Zwar traten die Spieler aus China 1971 erstmals seit 1965 wieder bei einer WM an, aber noch lange nicht gegen jeden. Die Order der Funktionäre verbot ihnen, mit Sportlern aus den verfeindeten Ländern Südvietnam und Kambodscha an die Platte zu treten. Tragischerweise erwischte es ausgerechnet den achtfachen Weltmeister Zhuang Zedong. Er schied in der zweiten Runde ebenso kampflos aus wie seine Landsmännin Lin Mei-chun in der ersten des Dameneinzels. Verlernt hatten die Chinesen trotz ihrer Abwesenheit nichts. Ihre Ausbeute lag bei vier von sieben möglichen Goldmedaillen.

BOYKOTT GEGEN RASSENTRENNUNG

Während das rassistische Südafrika 1975 in Kalkutta noch ausgeschlossen war, durfte es an der WM in Birmingham/England zwei Jahre später teilnehmen. Für diesen Fall hatte die Organisation für Afrikanische Einheit (OUA) beschlossen, dass man die Spiele boykottiere. Kenia hielt sich daran und blieb zuhause.

Weil China damals keine Beziehungen zu Israel unterhielt, traten Chinesen nicht gegen Spieler aus diesem Land an. Wang Chun wurde disqualifiziert, als er sich weigerte, im Einzel der Herren gegen Shlomo Mendelson anzutreten.

»WELTTURNIER« STATT WM?

Vier Jahre nach jenen Ereignissen traf sich die TT-Welt im kommunistischen Nordkorea. Dieses verweigerte wiederum Sportlern aus dem pro-westlichen Südkorea und Israel die Einreise. Konsequenterweise hätte man dies nicht tolerieren dürfen und die Spiele boykottieren müssen. Aber auch die Diskussion, die WM zu einem »Weltturnier« herabzustufen, verlief im Sande. Die WM fand ohne größere politische Proteste statt, die nordkoreanischen Betonköpfe hatten gesiegt.

WEITER DANK BOYKOTT

Die Auseinandersetzungen arabischer und kommunistischer Länder mit Israel gingen auch in der Folgezeit weiter. So waren die Israelis zwar 1983 in Japan dabei, wurden aber im Mannschaftswettbewerb von Pakistan boykottiert. Ebenso erging es israelischen Doppeln gegen Paarungen aus Marokko und Ägypten. – Was soll's, mögen sie sich gesagt haben, schließlich bedeutete Boykott in diesen Fällen, dass man eine Runde weiter war.

EIN ISRAELISCH-PALÄSTINENSISCHES DOPPEL

Die Special Olympics sind die offiziellen Weltspiele für Menschen mit geistigen Behinderungen. Im US-amerikanischen Raleigh kam es 1999 zu einer aufsehenerregenden Geste: Trotz der politischen Feindschaft daheim trat dort nämlich ein israelisch-palästinensisches Doppel an. Und als Sponsor fungierte Abdullah, der König von Jordanien.

KANADIER IN FRANKREICH

Ausnahmsweise einmal keine politischen Gründe hatten die Bedenken der französischen WM-Ausrichter gegen eine Teilnahme von Spielern aus China, Singapur, Hongkong und Kanada. Dort nämlich kursierte 2003 die Viren-Epidemie SARS. Den letzten Entscheid hatte das französische Gesundheitsministerium zu fällen. Und es sagte: Die genannten Länder dürfen mitmischen.

PING-PONG-DIPLOMATIE UND SEIDENPYJAMAS

Die weltweit bekannteste Kreuzung von TT und Politik bildete jedoch die sogenannte Ping-Pong-Diplomatie zwischen China und den USA Anfang der 1970er Jahre. Während der WM 1971 im japanischen Nagoya freundete sich der amerikanische TT-Spieler Glenn Cowan mit dem mehrfachen Weltmeister Zhuang Zedong an. Ein Foto der beiden ging durch die Weltpresse und animierte die Chinesen zu einer Einladung des US-Teams nach Peking. Hintergrund: Das China von Maos permanenter »Kulturrevolution« strebte nach Jahren der Isolation nach internationaler Anerkennung. 21 Jahre lang hatte kein Amerikaner mehr offiziell chinesischen Boden betreten, als die US-Tischtennis-Cracks am 7. April 1971 in Peking eintrafen. Dem Freundschaftsspiel folgten sodann Besuche hochrangiger Politiker: im Juli 1971 Außenminister Henry Kissinger, im Februar 1972 Präsident Richard Nixon.

War Kissinger noch heimlich geflogen, so ging Nixons Frau sogar chinesisch shoppen: Ihr hatten es die dort gefertigten seidenen Pyjamas angetan.

FORREST GUMP

In dem berühmten Film von 1994 wird die Einladung der US-Amerikaner nach Peking zitiert. Tom Hanks reist als Forrest Gump nach Peking und trifft danach Präsident Nixon. Entdeckt worden war sein Tischtennis-Talent in einem Lazarett des Vietnam-Kriegs. Viele Freunde des Sports rätselten danach, ob der Schauspieler wohl wirklich so ein Ass sei. Aber nein, seine Bewegungen am Tisch waren rein tänzerisch, der Ball wurde später per Computer in den Film hineinmontiert. Einer seiner Schläger ist übrigens zu besichtigen: Er hängt im Restaurant der Kette *Planet Hollywood* in Orlando.

DIE KONKURRENZ MIT DEN GROSSEN BÄLLEN

Rund 300 Mio. Menschen, so schätzt man, spielen in China Tischtennis, 4 Mio. davon (andere Quellen sagen: 10 Mio.) organisiert. Im Vergleich mit dem DTTB als größtem europäischen Verband (rund 600.000 Mitglieder) ist das eine ganze Menge. Und wenn man in Deutschland von rund 50 Vollprofis ausgeht, stehen ihnen mehrere tausend chinesische Kollegen gegenüber. Dennoch verliert der Tischtennissport im Land des Lächelns ganz allmählich an Boden. Und seine größten Konkurrenten heißen: Basketball und Fußball.

Der 1966 im schwedischen Halmstad geborene Persson ist mehrfacher Europa- und Weltmeister. Sein größter Erfolg stammt aus dem Jahr 1991. Bei der WM in Chiba (Japan) siegte er nicht nur mit der Mannschaft, sondern auch im Einzel. Dabei bezwang er im Endspiel seinen ewigen mannschaftsinternen Kontrahenten Jan-Ove Waldner. Mit Waldner bildete er ab der Saison 2007/08 auch ein legendäres Bundesliga-Doppel für den TTC Rhön-Sprudel Fulda-Maberzell.

Eine enorme Leistung gelang Persson schließlich 2008 in Peking. Mit 42 Jahren zog er als ältester Spieler aller Zeiten ins Halbfinale der Olympischen Spiele ein. Dort unterlag er dem Weltranglistenersten Wang Hao mit 1:4 Sätzen.

Mini-Trikot zur WM 1989
in Dortmund

KONG LINGHUI UND KONG QIU

Kong Linghui ist in China ein hoch angesehener Mann. Und das nicht nur, weil er 1995 Weltmeister und 2000 Olympiasieger im Tischtennis wurde. Sondern weil er verwandt ist mit dem berühmtesten Philosophen des Landes, Konfuzius. Der als Kong Qiu geborene Denker lebte im 6. und 5. Jh. vor Christus. Und der 1975 geborene Tischtennisspieler ist ein seitlicher Nachfahre von ihm, in 76. Generation.

Zwischen 1994 und 1999 spielte Linghui auch für mehrere deutsche Klubs: TTC Jülich, TTF Ochsenhausen und TTF Bad Honnef.

KEINE HYMNEN, KEINE FAHNEN

Auf dem Kongress der ITTF 1975 beantragten Ungarn und die Sowjetunion eine Änderung der WM-Siegerehrungen. Fortan sollten dazu die Nationalhymnen abgespielt und die Länderfahnen hochgezogen werden. Zu viel Brimborium, befanden die Funktionäre. Der Antrag wurde – um in der Tischtennis-Sprache zu bleiben – abgeschmettert.

PROMINENTE HOBBY-SPIELER:
KARL JOSEPH ASSENMACHER

Der 1947 geborene Assenmacher stammt aus Hürth bei Köln. Einem Millionenpublikum bekannt wurde er ab 1978, als er für die nächsten 16 Jahre zum Fußball-Bundesliga-Schiedsrichter avancierte. Außerdem leitete er für die FIFA zwölf A-Länderspiele und 18 Begegnungen im Europacup, darunter das Pokalsieger-Finale 1993. Der Privatmann Assenmacher spielt allerdings nicht Fußball, sondern Tischtennis – etwa auf Bezirksklasseniveau und mit einem Hang zur Ballonabwehr.

DEUTSCHLAND – CHINA 1:3

Zum ersten Mal seit 1969 stand bei der WM in Moskau 2010 wieder eine deutsche Mannschaft im Herrenfinale. Nach Siegen über Dänemark, Spanien, Kroatien, Japan, Ungarn, Russland und Südkorea traf man dort auf China. Die Ergebnisse im Einzelnen:

Ma Long – Timo Boll.................................11:9...... 11:9..... 10:12...... 5:11.......7:11
Ma Lin – Dimitrij Ovtcharov.............11:9..... 11:7....11:5
Zhang Jike – Christian Süß ....7:11..... 11:9....11:9 ......11:7
Ma Lin – Timo Boll............................14:16...11:4....11:8 .....11:7

Noch einmal knapp hätte es beim Spiel von Christian Süß werden können, führte dieser doch nach gewonnenem ersten Satz im zweiten bereits mit 9:5. Aber das war's dann auch.

CHRISTMAS PUDDING & PING-PONG

Ein Artikel aus der englischen »Times« vom 3. Januar 1905 stellt den damals noch jungen Tischtennis-Sport in einen interessanten sozialen Zusammenhang:
>»About 1.300 of the poorest children of London were provided with dinner
(...). Earlier in the day 6.000 hampers (Geschenkkörbe), each containing a
meat pie, a cake, a christmas pudding, tea, and sweets were
dispatched from the Guildhall-yard, in 24 vans to crippled chil-
dren in all parts of London. (...) With each hamper was send a
ping-pong set, the gift of Messrs. Jaques and a Christmas card
from Messrs. Davidson Brothers.«

TT-Maus mit
großer »Geschichte«

DIE GRÖSSTEN SPIELER ALLER ZEITEN: JACQUES SECRÉTIN

JACQUES SECRÉTIN (1949–2020) ist den meisten Fans als Begründer der modernen Tischtennis-Shows bekannt. Sein Verdienst für die Popularisierung des Sports in den 1970er Jahren kann gar nicht hoch genug eingeschätzt werden. So stand der Linkshänder zum Beispiel mehrere Meter hinter der Platte und retournierte Schmetterbälle mit demonstrativer Lässigkeit bis hin zum scheinbar gelangweilten Gähnen. Zuweilen jedoch übte er sich auch in wilder Akrobatik: Mal sprangen die Kontrahenten auf den Tisch und spielten dort oben weiter, mal simulierten sie einen Verlust des Schlägers, um den Ballwechsel sodann mit Händen und Füßen oder auch mit dem Kopf weiterzuführen. Secrétin und sein Partner Vincent Purkart spielten auch als Erste vor Publikum an einem Miniaturtisch, der der Spieltechnik und vor allem dem Feingefühl alles abverlangt.

Über seine Meriten als Showstar darf nicht vergessen werden, dass Jacques Secrétin zu seiner Zeit auch ein herausragender Sportler war. Der im nordfranzösischen Carvin geborene Schnäuzerträger errang zwischen 1966 und 1989 17 nationale Einzelmeisterschaften und nahm an insgesamt zwölf Welt- und acht Europameisterschaften teil. 1976 wurde er Europameister im Einzel, im Folgejahr zusammen mit seiner Landsfrau Claude Bergeret Mixed-Weltmeister.

1984 verlieh man ihm in Frankreich das Kreuz der Ehrenlegion.

DIE BESTEN DEUTSCHEN: EBERHARD SCHÖLER

EBERHARD SCHÖLER wurde 1940, also mitten im Krieg, in Flatow im heutigen Polen geboren. Zum ersten Mal Tischtennis spielte er erst mit 13 Jahren, aber dann ging es rasant bergauf mit ihm. Mr. Pokerface, wie er wegen seiner eisernen Nerven genannt wurde, löste den bis dato amtierenden Abonnement-Meister Conny Freundorfer ab und begründete eine eigene Ära. Der Abwehrstratege aus Düsseldorf wurde neun Mal deutscher Einzelmeister und absolvierte 155 Länderspiele. Seine größten internationalen Erfolge: Dritter bei den Weltmeisterschaften 1965 und 1967 und schließlich 1969 knapper Zweiter. Auch nach seiner aktiven Karriere blieb er dem Tischtennissport immer eng verbunden und agierte auf verschiedensten Ebenen als Funktionär.

Er war verheiratet mit der gebürtigen Engländerin und ebenfalls äußerst erfolgreichen Tischtennisspielerin Diane, geborene Rowe (1933–2023).

DEUTSCHER NORWEGER, NORWEGISCHER DEUTSCHER

➜•← Bei der WM in Japan 1991 saß für Norwegen ein in Deutschland überaus bekanntes Gesicht auf der Ersatzbank. Der seinerzeitige Chef des norwegischen Verbandes besaß eine doppelte Staatsbürgerschaft. Zu seinen besten Zeiten hatte er stets einen Schnauzbart getragen und die Zunge aus dem Mundwinkel lugen lassen. Der Mann hieß Jochen Leiß, deutscher Einzelmeister von 1974.

CHINESISCHER ENGLÄNDER, ENGLISCHER CHINESE

➜•← Während Leiß nicht zum Einsatz kam, spielte im englischen Team Chen Xinhua, der noch 1985 Mannschaftsweltmeister mit China geworden war.

DEUTSCHE NAMIBIERIN, NAMIBISCHE DEUTSCHE

➜•← Die gebürtige Deutsche Sigrid Göbel trat bei der folgenden WM, 1993 in Schweden, für Namibia an die Platte. Dort war sie zugleich Präsidentin des nationalen TT-Verbandes. Mit 58 Jahren war sie außerdem die älteste Teilnehmerin dieser Championships.

GÖTEBORGER UGANDERIN, UGANDISCHE GÖTEBORGERIN

→•← Von einer Kuriosität berichtet der *dts* in seiner Ausgabe vom Juli 1993. Angeblich um Reisekosten zu sparen, machte sich der Verband von Uganda auf die Suche nach Landsfrauen, die nahe am WM-Austragungsort Göteborg lebten. Die einzige Göteborger Uganderin wurde dann auch tatsächlich nominiert, obwohl sie von Tischtennis nicht wirklich viel Ahnung hatte: Die Doppel-Regeln jedenfalls musste man ihr erstmal erklären.

RUMÄNISCHE GRIECHEN, GRIECHISCHE RUMÄNEN

→•← Was den einen die Chinesen, sind den anderen die Rumänen. Wiederum 1993, WM in Göteborg. Mit von der Partie ist auch Griechenland, das allerdings eine ausgesprochen ungewöhnliche Mannschaft präsentiert. Denn mit Călin Creangă (später: Kalinikos Kreanga), Daniel Cioca und Andrei Filimon stehen dort ausschließlich gebürtige Rumänen im Aufgebot.

DEUTSCHER SLOWAKE, SLOWAKISCHER DEUTSCHER

→•← Um international wieder spielen zu können, wurde der Deutsche Thomas Keinath Slowake. Der erfolgreiche Hanauer war noch bei der EM 2000 Dritter im Doppel geworden und stand auch danach jahrelang unter den Top 100 der Welt. Im März 2001 jedoch flog er unsanft aus der deutschen National-Equipe. Begründung: Keinath sei »Wiederholungstäter in Sachen Alkohol«.
Der Spieler bestritt dies mit den Worten: »Jeder weiß, dass ich normalerweise ganz wenig trinke.« Zwar kehrte er noch einmal kurz ins Team zurück, aber bald schon schien seine internationale Karriere beendet. Das Enfant terrible wusste sich jedoch zu helfen: 2007 erhielt er die slowakische Staatsbürgerschaft. Und noch im selben Jahr war er auch wieder bei einer WM dabei. Weitere Teilnahmen folgten.

Briefmarken zur WM 1979 in Nordkorea

MARATHON-MATCHES:
DER LEGENDÄRE BALLWECHSEL ZWISCHEN ALOIZY »ALEX« EHRLICH UND FARKAS PANETH BEI DER WELTMEISTERSCHAFT 1936 IN PRAG

• • • • • • • • •

Im ersten Spiel des Matches Polen gegen Rumänien stand **Aloizy »Alex« Ehrlich** dem rumänischen Abwehrstrategen **Farkas Paneth** gegenüber. Die extrem langsamen Platten bevorteilten die Verteidigungsspieler, deshalb setzte auch Ehrlich von Beginn an auf die Defensive. Was dabei herauskam, muss für Spieler und Zuschauer die reinste Folter gewesen sein: Allein der erste Ballwechsel nämlich zog sich über zwei Stunden und zwölf Minuten!

Angeblich hatte Ehrlich den letzten Ball aus Versehen erstmals auf die gegnerische Vorhandseite retourniert, was Paneth dermaßen überraschte, dass er verschlug. Ehrlich meinte danach, der Ball sei ihm unglücklich auf den Finger getitscht. Paneth hingegen erklärte seinen Fehler damit, dass ihn eine Bananenschale erschreckt habe, die von der Empore auf einen Nebentisch geflogen sei.

Beobachter wollen gezählt haben, dass der Ball zuvor rund 10.000 Mal übers Netz gegangen war. Der epische Ballwechsel wurde zur Legende, und ebenso das, was danach geschah. Die einen sagen, Ehrlich habe den Satz sodann recht mühelos mit 21:6 nach Hause gebracht. Die anderen behaupten hingegen, auch der zweite Punkt habe immerhin 20 Minuten gedauert. Und nachdem er wiederum an den Polen gegangen war, habe Paneth seinen Schläger nach Ehrlich geschmissen.

Beinahe unglaublich klingt, was in anderen zeitgenössischen Berichten zu lesen war. Angeblich soll dieser epische Kampf zehn Schiedsrichter verschlissen haben: Sie klagten alle irgendwann über Nackenschmerzen. Und Ehrlich, der Fuchs, habe während des Spiels nicht nur diverse Würstchen mit Senf verspeist, sondern nebenbei auch noch eine Partie Schach gespielt. Außerdem habe er zur Lockerung der Gelenke den Schläger mehrfach in die andere Hand gewechselt. Paneth hingegen habe jeden seiner Unterschnittbälle mit einer Kniebeuge verbunden.

Während die Spekulationen noch heute ins Kraut schießen, ist eines gewiss: Das Match Ehrlich gegen Paneth war der Auslöser für die ein Jahr später eingeführte Zeitregel, mit der die Dauer von Tischtennisspielen ein für alle Mal begrenzt wurde.

Aloizy Ehrlich stammte aus einer jüdischen Familie und wurde 1914 im polnischen Komańcza geboren. Während der NS-Zeit war er vier Jahre in Auschwitz interniert und überlebte angeblich nur deshalb, weil die Nazis seine Weltklasse-Fähigkeiten als Tischtennisspieler respektierten. Nach dem Krieg zog Ehrlich nach Frankreich und nahm auch die französische Staatsbürgerschaft an. Er starb 1992 in St. Denis.

• DIE DTTB-PRÄSIDENTEN DES 20. JAHRHUNDERTS •

1925–1929	Georg Lehmann	*1965–1981*	Dieter Mauritz
1929–1935	Werner Arndt	*1981–1994*	Hans Wilhelm Gäb
1935–1945	Heinrich Ehrenbrecht	*1994–1996*	Walter Gründahl
1949–1957	Karl-Heinz Eckardt	*1996–1999*	Hans Giesecke
1958–1961	Carl Adloff	*1999–2005*	Walter Gründahl
1961–1965	Kurt Entholt		

Medaille zu den
australischen
Meisterschaften 1965

• VOM HOCKER GEFALLEN,
AUFS TREPPCHEN GEKLETTERT

Im Herbst 2002 wäre es beinahe aus gewesen mit der Karriere des Jan-Ove Waldner. Ein gebrochener Fuß, sechs Wochen Gips, und wieso? – Weil Waldner in der Stockholmer Kneipe seines Fußball-Kumpels Tomas Brolin vom Hocker gefallen war. Die Folge: 14 Monate Pause. Aber wer wirklich dachte, das schwedische Genie kehre nun nie mehr zurück in die Weltspitze, der sah sich getäuscht. Bei der WM 2004 stand er schon wieder im Halbfinale. Apropos Gastronomie: Am 2. November 2004 eröffnete Waldner zusammen mit zwei Kumpels in Peking ein Restaurant. Zur Premiere erschienen 200 Journalisten.

Gerade einmal 14 Jahre war er alt, als er 1995 seine erste Bundesligasaison absolvierte. Und einen Schläger in der Hand hatte er schon als Vierjähriger, der mit seinem Vater am Tisch stand. Der beim TSV 1875 Höchst entdeckte Linkshänder war schnell auch international erfolgreich. Ebenfalls 1995 holte er bei der Schüler-EM in Den Haag drei Titel. 1997 und 1998 gewann er auch in der Jugend die Goldmedaille. 2002 dann siegte er bei den Herren, sowohl bei der EM als auch im renommierten Top-12-Turnier. In der Folge war er der dominierende europäische TT-Spieler und holte Titel um Titel.

Bolls einzige Grenze ist die nach China. Zwar hat er zahlreiche Major-Turniere rund um die Welt gewonnen und auch jeden Star aus dem Reich der Mitte schon einmal von der Platte gefegt. Aber hier wuchsen immer wieder Spieler nach, die ihm die ganz großen Erfolge verwehrten. Sprich: Was Boll fehlt in seiner einzigartigen Sammlung, ist ein Sieg bei einer Weltmeisterschaft oder den Olympischen Spielen.

Timo Boll gilt als intelligenter, freundlicher und fairer Spieler. Die Schule beendete er mit der Mittleren Reife.

Mousepad der
ITTF, 2005

• DAS KÜRZESTE MATCH DER DTTL-GESCHICHTE •

Zu einem Skandalspiel kam es in der Saison 2007/08 bei der Partie Borussia Düsseldorf gegen Müller Würzburg. Die Würzburger hatten sich im Finale des ETTU-Cups, ebenfalls gegen Düsseldorf, benachteiligt gefühlt, weil ihrem Spieler Leung Chu Yan vermeintlich falsche Aufschläge weggezählt wurden. In der Bundesliga-Begegnung trat man deshalb mit vier Spielern aus der 1. und 3. Kreisliga an, darunter der Präsident und der Pressesprecher des Vereins. Ergebnis dieses kürzesten Matches in der Geschichte der DTTL: 6:0. Von den 18 gespielten Sätzen endeten fünf mit 11:0.

DER SCHMUGGLER

Der Tscheche IVAN ANDREADIS (1924–1992) war ein großer Spieler. Vier Mal gewann er die Weltmeisterschaft im Doppel, vier Mal mit der Mannschaft und ein Mal im Mixed. Der Mann, der als Abwehrspieler begann und als Offensivkünstler endete, hätte sein Nationalteam auch bei der ersten EM unterstützen sollen, die 1958 in Budapest stattfand. Aber da durfte er nicht. Der Verband hatte ihn wegen angeblichen Schmuggels gesperrt. Genaueres über diesen Vorfall findet man jedoch nirgends, und so schlimm scheint es dann auch nicht gewesen zu sein. Als die WM 1963 in seine tschechische Heimat kam, war Andreadis – letztmalig – dabei.

DER BUHMANN

Einer der renommiertesten deutschen TT-Schiris
hört auf den originellen Namen
BERND BUHMANN.
Und er weiß damit umzugehen:
»*Wenn mich mal ein Spieler anmacht, weil er mit einer Entscheidung nicht einverstanden ist, zeige ich auf mein Namensschild und erkläre ihm: ›Du siehst ja, worauf du dich eingelassen hast.‹ Der Name bürgt für Qualität.*«

DER MANN MIT DER FLIEGE

🥀♕ Erster Tischtennis-Weltmeister im Einzel wurde 1926 mit ROLAND JACOBI ein Ungar. Er setzte sich im Endspiel gegen seinen Landsmann Zoltan Mechlovits mit 21:12, 22:20 und 21:19 durch.
An die Platte trat Gentleman Jacobi grundsätzlich in langen Hosen mit Bügelfalten und einem weißen Hemd. Dass er zumindest die einengende Fliege ablegte, verdankt sich angeblich nur den Überredungskünsten der Veranstalter. ♕🥀

DIE MESSERATTACKE

.... Kim Bong Chul, Assistenztrainer der südkoreanischen Tischtennis-Nationalmannschaft, blieb nicht lange im Amt. Ende 2007 auf diesen Posten gerutscht, wurde er im darauffolgenden Sommer schon wieder entlassen. Der Grund: Schwer angetrunken hatte er die beiden Nationalspieler Lee Jung Woo und Cho Eon Rae mit einem scharfen Küchenmesser bedroht, damit sie nicht den Klub Nongshim Samdosoo verließen. Kim Bong Chul wirkte dort als Cheftrainer. ....

64 Jahre lang gab es keine Damen-Weltmeisterin von 1937. Wie das? – Weil die neu eingeführte Zeitspiel-Regel nicht völlig durchdacht und auch noch nicht von jedem einheitlich verstanden wurde, kam es im Damen-Endspiel zu einem skandalösen Novum. Beide Spielerinnen, Vorjahressiegerin Ruth Aarons (USA) und Trude Pritzi (Österreich), wurden nach Ablauf der Zeit beim Stand von 21:12, 8:21 und 19:16 für Aarons disqualifiziert. Der WM-Thron blieb in diesem Jahr leer.

Jedenfalls bis 2001. Da nämlich entschied die ITTF, dass sich diese Leerstelle in den Annalen nicht gut mache. Und so erklärte man Aarons und Pritzi nachträglich zu gemeinsamen Siegerinnen.

Aufnäher
aus Litauen

DIE GRÖSSTEN SPIELER ALLER ZEITEN: RUTH AARONS

RUTH HUGHES AARONS kam 1910 in Stamford/Connecticut zur Welt. Sie war das Kind eines Theaterbetreibers und einer Opernsängerin, begann aber auf einer gänzlich anderen Bühne. Ruth nämlich wurde die erfolgreichste Tischtennisspielerin, die die USA je hervorbrachten. Zwischen 1934 und 1937 gewann sie sämtliche Turniere, an denen sie teilnahm. Dazu gehörten nicht nur die jährlichen nationalen Meisterschaften, sondern auch die WM 1936 und 1937. Dort siegte sie jeweils im Einzel sowie 1937 auch mit dem Team.

Nachdem sie ihre Karriere beendet hatte, fand sie übrigens doch noch zum Metier ihres Vaters. Sie gründete die Agentur Aarons Enterprises und betreute diverse bekannte Schauspieler ihrer Zeit. Ruth Aarons starb am 11. Juni 1980, genau an ihrem 70. Geburtstag.

PROMINENTE HOBBY-SPIELER:
HELMUT SCHÖN UND SEINE KICKER

»Ich kann einfach nichts Rundes liegen sehen. Ob es sich um einen Lederball, um ein Tischtennisbällchen oder um eine Billardkugel handelt – ich muss da zugreifen«, erzählte HELMUT SCHÖN einst. Der Fußball-Nationaltrainer von 1964 bis 1978 war in seiner Jugend ein ambitionierter Tischtennisspieler. Unter anderem wurde er als 16-Jähriger Sachsenmeister im Einzel. »Tischtennis ist die beliebteste Freizeitbeschäftigung der Nationalmannschaft geworden«, erzählte er vor der Europameisterschaft 1972. Also ließ er während der Vorbereitungszeit eine Platte aufstellen und veranstaltete ein TT-Turnier. Unschlagbar dabei: Bernd Hölzenbein, der als Jugendlicher Tischtennis bei Eintracht Frankfurt gespielt hatte.

Deutschland holte den EM-Titel 1972. Und Hölzenbein holte den Elfmeter heraus, der zum WM-Sieg 1974 führte.

DER SCHNELLE PHILIPP

Auch während der EM 2008 in Österreich und der Schweiz verbrachten Deutschlands Fußballer ihre Freizeit mit Vorliebe am Tischtennis-Tisch. Als bester Spieler galt Philipp Lahm.

DER FRUSTRIERTE ARNE

Später in jenem Jahr 2008 stand ein Freundschaftsspiel gegen England auf dem Plan. Timo Boll besuchte das Team von Jogi Löw und spielte ein bisschen mit Arne Friedrich. »Ich dachte, ich kann etwas Tischtennis spielen«, sagte der Verteidiger, nachdem er von 30 Aufschlägen nur zwei zurückgebracht hatte. »Aber das war schon recht enttäuschend. Es macht mehr Spaß, wenn man gegen jemanden spielt, der das gleiche Niveau hat.« Danach verlor Deutschland auch noch das Match gegen John Terry und Co. mit 1:2.

DIREKTER AUFSCHLAG

...... *Bevor die Japaner in den 1930er Jahren das Regelwerk der ITTF anerkannten, galten in ihrem Land einige Sonderregeln: Der Ball war ein halbes Gramm leichter, der Tisch rund sechs Zentimeter schmaler. Und was die einzelnen Sätze betraf, war man gar seiner Zeit um Jahrzehnte voraus: Sie gingen bis 11.* ....

BOLL UND DAS BAMBI

Populär wird eine Sportart stets durch herausragende Aushänge-schilder. Timo Boll ist ein solches für den Tischtennissport, was nicht zuletzt der Medienpreis »Bambi« belegt, der ihm 2005 überreicht wurde. Damit stellte sich der Ballkünstler in eine Reihe mit Sport-größen wie Michael Ballack (Fußball), Uschi Disl (Biathlon) und den Klitsch-ko-Brüdern (Boxen).

Kurz zuvor hatte Boll beim Weltcup in Lüttich nacheinander die drei weltbe-sten Chinesen Wang Liqin, Ma Lin und Wang Hao geschlagen.

PROMINENTE HOBBY-SPIELER: LIVIU-DIETER NISIPEANU

Der 1976 geborene Liviu-Dieter Nisipeanu ist Sohn eines rumänischen Vaters und einer deutschen Mutter. Der mehrfache rumänische Schachmeister gilt als ausgesprochen gewitzter, kreativer Kopf. Als er 2005 die Europameisterschaft gewann, gab er als Grund an: »Mein Geheimnis für den Titelgewinn bestand aus zwei Stunden Tischtennistraining am Tag.« Außerdem erzählte er, dass in Warschau beim Turnier alles schlecht gewesen sei, bis hin zum Essen. Das ein-zig Gute: »Der Tischtennistisch war immer frei.«

TISCHTENNIS MACHT CLEVER

Im Sommer 2009 veröffentlichte die Sporthochschule Köln eine Untersuchung zum Zusammenhang zwischen Sport und Schulnoten. Dabei stellte sich interessanterweise heraus, dass Tischtennis-Spieler die besten Noten aller Sportler aufweisen. Ihr Durchschnitt liegt bei glatten

2,0,
während beispielsweise Handballer nur auf

2,12
kommen.
Abgeschlagener Letzter wurden zur Überraschung
der Wissenschaftler die Tennisspieler,
die mit einem Schnitt von

2,5 noch hinter den Fußballern landeten (2,47).

TISCHTENNIS-BÜCHER: PING-PONG

Der 2002 erschienene Roman stammt von dem tischtennisspielenden Redakteur und Radio-Moderator Birand Bingül und handelt, klar, von einem tischtennisspielenden Radio-Moderator. Es geht um Liebe und um die damit zusammenhängenden Probleme, die alle auch irgendwie mit dem Tischtennis vergleichbar sind. Die Story ist insgesamt etwas mau, da wollte einer allzu flott schreiben. Aber die Tischtennis-Details stammen ganz offenbar von einem Kenner des Sports und kommen alle sehr wahr und witzig daher.

→ *Birand Bingül: Ping-Pong, Knaur Verlag*

Wettspielordnung der DDR, 1970er Jahre

MIT GELD GELD MACHEN

Der erste Tischtennis-Geldschein erschien zur Olympiade 2008 in Peking. Während auf der Vorderseite das Olympiastadion zu sehen ist, präsentiert die Rückseite u. a. einen linkshändigen Penholder-Spieler. Am Ausgabetag, dem 8. Juli, wurden Chinas Banken gestürmt. Obwohl jeder Kunde nur ein Exemplar eintauschen durfte, war die komplette 6-Millionen-Auflage noch am selben Tag vergriffen. Und während der ursprüngliche Wert des Scheins bei 10 Yuan (ca. 1 Euro) lag, soll er am Schwarzmarkt binnen weniger Tage auf das Tausendfache gestiegen sein.

NUR KEIN THEATER MACHEN!

In seinem Buch »Ping-Pong« zur Geschichte des TT-Sports erzählt Horst Friederich von den Nöten japanischer Diener im frühen 20. Jahrhundert. Das Spiel wurde zunächst nur von reicheren Herren betrieben. Und weil man in Japan sehr auf die Etikette achtete, sollten diese sich auch beim Sport nicht allzu sehr echauffieren. Nun ist es aber doch recht schwer, Tischtennis als reine Bewegungsübung zu betreiben. Irgendwie ärgert und freut sich auch der Adlige über entsprechende Ballwechsel. Und so standen also die Diener stets mit sorgenvollem Gesicht neben den Spielenden.

»WAS?« SOLL DAS?

 Ein offenbar zwiespältiges Verhältnis hat der Regisseur Roman Polanski zum Tischtennis. In seinem Film »Was?« von 1972 entgeht die junge Amerikanerin Nancy (Sydne Rome) knapp einer Vergewaltigung, um dann auf der Flucht in einem seltsamen Haus zu landen. Normal ist hier nichts, aber offenbar scheint sich das komplette Leben der schrägen Bewohner um Sex zu drehen. Vor allem das des ebenfalls jungen Alex, der vom legendären Marcello Mastroianni verkörpert wird.

In einer Szene sitzt Nancy auf dem Balkon beim Frühstück. Von weiter oben ist das Klackern eines Tischtennisballs zu hören. Als es kurz aussetzt, fragt Alex das Mädchen: »Hören Sie es?« Kurz darauf geht das Spiel weiter und der Ball landet vor Alex' Füßen. Anstatt ihn jedoch zurückzuwerfen, zertritt er ihn. »Warum tun Sie das?«, fragt Nancy, »So etwas führt doch nur zum Streit.« Und Alex antwortet leicht zerknirscht: »Ich weiß, aber das Geräusch gefällt mir so gut.«

VERWANDTE PHILOSOPHIE

Der Film »Taxi Taxi« des Franzosen Luc Besson stammt aus dem Jahr 2000 und gehört zum Genre der Action-Komödie. In einer Sequenz sieht man die Polizei von Marseille beim Kampftraining. Danach entspinnt sich ein Dialog zwischen Emilien (Frédéric Diefenthal) und seiner Kollegin Petra (Emma Wiklund), die ihn ein paar Mal knallhart auf die Matte geworfen hat.

Emilien: »Sag mal, Petra, machst du schon lange Judo?«

Petra: »Nein, noch nicht so lange. Das ist eigentlich nicht mein Sport.«

Emilien: »Ah, und was ist dein Sport?«

Petra: »Karate! Das ist viel effektiver.«

Emilien: »Ah, bei mir war es Tischtennis. Nicht so effektiv beim Kämpfen, aber die Philosophie ist verwandt!«

EIN MATCH MIT SCARLETT JOHANSSON

Der 2005 herausgekommene Film »Match Point« von Woody Allan erhielt 2006 den Preis »Bester europäischer Film«, vier Golden-Globe-Nominierungen und die zum Oscar in der Kategorie »Bestes Originaldrehbuch«. Und darüber hinaus enthält er eine Tischtennis-Szene.

Der Ire und Tennisspieler Chris Wilton (Jonathan Rhys Meyers) zieht nach dem Ende seiner mittelmäßigen Karriere als Profi nach London, um dort als Tennislehrer zu arbeiten. Er findet eine Freundin, lässt sich jedoch auf eine Affäre mit Nola Rice (Scarlett Johansson) ein, einer erfolglosen Schauspielerin. Im Elternhaus seiner Freundin fordert Rice ihn zu einer Partie Tischtennis heraus.

Unabhängig vom Ausgang des Matches bringt er sie später übrigens um.

DAS BIERFEST

Der 2006 erschienene Film »Bierfest – Das König der Filme« ist genau so, wie der Titel vermuten lässt: unglaublich bescheuert. Die Handlung: Bei einem Trinkwettkampf treffen die einheimischen Amerikaner im Finale auf eine deutsche, also bayrische Truppe. Eines der vielen Saufspiele besteht darin, mit Speckbrettern Tischtennis zu spielen. Zusatzpunkte gewinnt man, indem man den Ball in einem der auf dem Tisch verteilten Bierkrüge versenkt. Noch verrückter als das Turnier ist nur noch sein Ausgang: Die Amis gewinnen.

DIE AMOUR FOU

Ganz anders der Film »Ping-Pong« aus demselben Jahr. Das Werk von Matthias Luthardt erzählt von der problematischen Liebe des 16-jährigen Paul zu seiner Tante. Während das Familienleben langsam zu Bruch geht, wird zur Problembewältigung immer wieder im Garten Tischtennis gespielt.

DIREKT HINTER BADEN UND DISCO-DANCE

Ebenfalls 2006 erschien die Satire »Borat« des englischen Komikers Sacha Baron Cohen. Darin gibt er sich in den USA als kasachischer Fernsehreporter aus und zeigt reale Szenen aus seiner Reise durch das Land. Tischtennis, so wird behauptet, sei in Kasachstan ausgesprochen populär. Und auch Borat gibt den Sport als sein Hobby aus, das bei ihm direkt nach Baden und Disco-Dance komme. In einer kurzen Sequenz sieht man ihn in einer schäbigen Turnhalle ein paar Bälle schlagen.

BIER-PONG

Und noch einmal zurück zu einer Art »Bierfest«: In der Folge »Das Buch zum Mord« aus der Krimiserie »Navy CIS« finden die Special-Agents in einem verwüsteten Haus eine Tischtennisplatte. Darauf: mehrere Pappbecher und ein Ball. Agent Tony weiß von seiner Collegezeit her, dass hier Bier-Pong gespielt wurde. Das Ziel dieser Party-Gaudi erklärt er seinem Kollegen Timothy: Landet der Ball in einem der gefüllten Becher, muss der Gegenspieler ihn austrinken.

MR. FENG STÜRZT AB

Aus dem Jahr 2008 stammt der Film »Balls of Fury«, der von einem auf den Hund gekommenen Ex-Tischtennisspieler handelt. 20 Jahre nach seiner Niederlage bei Olympia und der Ermordung seines Vaters tingelt er mit einer peinlichen Show durchs Land, wird dann jedoch plötzlich vom FBI für einen Undercovereinsatz engagiert. Er soll eine Verbrecherorganisation ausspionieren, indem er an einem Underground-Tischtennisturnier teilnimmt. Danach wird die in den Kinos nicht sonderlich erfolgreiche Komödie recht unübersichtlich. Jedenfalls kommt es zu einem dramatischen Showdown, bei dem der böse Feng, Gegenspieler des Helden Randy, stirbt, weil er, statt den Ball zu erreichen, von einer Brücke stürzt. Gespielt wird dieser Mr. Feng von Hollywood-Haudegen Christopher Walken.

PROMINENTE HOBBY-SPIELER: PETER GRÜNBERG

Der in Pilsen geborene Physiker (1939–2018) erhielt im Jahr 2007 den Nobel-Preis. Außerdem war er Mitglied der Betriebssportgemeinschaft des Forschungs-zentrums Jülich. Dort, so erzählte er einmal, spiele er sehr gerne Tischtennis. Und warum? – »Weil man dabei so gut abschalten kann.«

Französischer Pin, 1993

MARATHON-MATCHES: DIE LÄNGSTE BREITENSPORTVERANSTALTUNG

2008 wurde die **SG 08 Oberbiel** 100. Und auf 100 Stunden stand der Rekord für ununterbrochenes TT-Spielen variabler Spieler. Also bauten die Oberbieler zwei Tische auf, rekrutierten das gesamte Dorf, erstellten einen Einsatzplan und schraubten den Rekord mal eben hoch. Mindestens vier Spieler titschten den Ball 200 Stunden lang (also rund 8 Tage!) pausenlos hin und her. Die letzten Ballwechsel absolvierten dabei der Bürgermeister, der Vereinsgründer, der Vereinsvorsitzende und sein Kollege vom vorigen Rekordhalter TTC Bavaria Wiesen.

BOLL, DER BEAU

Kurz vor den Olympischen Spielen in China 2008 widerfuhr Timo Boll etwas Einzigartiges. Leserinnen einer chinesischen Frauenzeitschrift wählten ihn zum »sexyesten Europäer«. Dass man seine Tischtenniskünste dort schätzt und fürchtet, war lange bekannt. Diese Auszeichnung jedoch wirft ein neues Licht auf das Boll-Bild der Chines/innen.

Schon im Jahr zuvor hatte man den Deutschen zum attraktivsten Sportler der Welt ernannt. Weit abgeschlagen hingegen: David Beckham.

Unentschieden kennt man im normalen Meisterschaftsbetrieb durchaus: Ist das letzte Doppel gespielt, dann steht es entweder 9:7 oder eben 8:8. Bei Länderspielen hingegen ist die Anzahl der Spiele stets ungerade, das heißt, jedes Spiel endet mit einem Sieger und einem Verlierer.

Nicht so jedoch im Falle der Begegnung Deutschland gegen Schweden am 27. Juli 2008 in Hamm. Hier stand es 2:2, als im letzten Match Christian Süß und Robert Svensson an die Platte traten. Es war 22.20 Uhr, Süß führte 8:5 im ersten Satz, als plötzlich das Licht ausging. Die Ursache: ein Kabelfehler ein paar Straßen weiter.

Nach 35 düsteren Minuten einigten sich die Mannschaften auf einen Spielabbruch. Und so kam es im 66. Vergleich dieser beiden Teams zum ersten Unentschieden.

● DER BALL, DER AUS DEM DUNKLEN KAM ●

Heutzutage hätten die Nationalspieler unter diesen Umständen auf ein Experiment zurückgreifen können, das im Dezember 2010 Deutschland-Premiere feierte: Tischtennis im Dunkeln.
Damals wurden in Leipzig mithilfe von Schwarzlicht, fluoreszierendem Klebeband und leuchtenden T-Shirts die ersten Blacklight-Table-Tennis-Weltmeisterschaften ausgetragen. Wichtig waren vor allem die Klebestreifen, die die Ränder der Netze, Tische und Schläger markierten. Dennoch, so die Teilnehmer, komme mancher Ball einfach furchtbar plötzlich daher – aus der Tiefe des dunklen Raumes sozusagen.
Erster Weltmeister wurde übrigens der Kolumbianer Julian Ramos.

● DER 1. DEUTSCHE CLUB ●

Der erste deutsche Zusammenschluss in Sachen Tischtennis datiert auf das Jahr 1899: Die BERLINER PING-PONG-GESELLSCHAFT wird gegründet. Ein Jahr später wird der Sport bereits in einem eigens zu diesem Zweck eröffneten »Ping-Pong-Café« betrieben.

Im Leipzig der frühen 2000er Jahre wurde der TiBiDa-Triathlon aus der Taufe gehoben. Dieser besteht aus

TISCHTENNIS + BILLARD + DART.

Die Mischung stimmt, denn während es etwa beim beliebten Schach-Boxen um Gegensätze geht, überwiegen hier die Gemeinsamkeiten. Alle drei Sportarten begegnen einem früher oder später zwangsläufig – zuhause, in der Schule oder in der Kneipe.
Seit einigen Jahren wird der Dreikampf auch im Rahmen von organisierten, zum Teil mehrtägigen Turnieren ausgefochten (*www.tibida.de*).

● RACKETLON, DER RÜCKSCHLAG-VIERKAMPF ●

Der Ursprung des Racketlon liegt in Schweden, wo man bereits in den 1990ern eigene Turniere veranstaltete. Diese relativ neue Sportart vereinigt die vier Rückschlagspiele

TENNIS + TISCHTENNIS + SQUASH + BADMINTON.

Beim »Schlägervierkampf« wird in jeder Disziplin ein Satz bis 21 ausgetragen, Sieger ist, wer insgesamt die meisten Punkte holt.
Das Spiel entwickelte inzwischen eine so starke Beliebtheit, dass auch internationale Turniere bis hin zu Weltmeisterschaften ausgetragen werden. Und seit 2009 gibt es auch eine Deutsche Racketlon-Bundesliga (*www.racketlon.de*).

● EIN STELLUNGSFEHLER MIT FOLGEN ●

Im Viertelfinale der EM 1962 in Berlin hatten es Ernst Gomolla und Peter Lorenz mit dem jugoslawischen Doppel Vojislav Markovic und Janez Teran zu tun. Die Deutschen führten im fünften Satz mit 21:20, hatten sich aber falsch zum Rückschlag aufgestellt. Unmittelbar vor der Angabe des Gegners wechselten sie ihre Plätze und machten den Punkt. Die Jugosla- wen fühlten sich gestört und forderten eine Wiederholung des Ballwechsels, aber der Schiedsrichter blieb hart. Erst der offizielle Protest des Verbandes brachte die zuständige Jury dazu, den Aufschlag wiederholen zu lassen. Dreimal darf man raten, was geschah: Die Jugoslawen gewannen nicht nur dieses Spiel, sondern später auch den EM-Titel.

Bei derselben EM errangen Deutschlands Damen die Goldmedaille im Teamwettbewerb. Über die Maßen ausschweifend kann die anschließende Feier nicht gewesen sein, denn die Rechnung belief sich angeblich auf gerade einmal

🍾🍾🍾 34,85 DM. 🍾🍾🍾

Der DTTB nahm das dann auch generös auf seine Kappe.

Medaille zu den italienischen Meisterschaften 1985

WM DANK INDERN

Das erste Großereignis der jungen ITTF sollte 1926 eigentlich eine Europameisterschaft werden. Als sich jedoch acht indische Spieler anmeldeten, labelte man umstandslos um: Das Turnier wurde zur Weltmeisterschaft erklärt.

INDISCHER »HEIM«-VORTEIL

Im Vorfeld hatte man den Gästen aus Asien die Favoritenrolle zugespielt. Zwar war man in England, aber dennoch genossen die Inder zeitweise eine Art »Heim«-Vorteil, fand doch ein Teil der Spiele in einem indischen Studentenwohnheim statt. Trotzdem gewannen am Ende die Ungarn, Deutschland wurde Letzter.

>> Herr Roesch, Sie sind ein Arschloch,
       unter Ihnen will ich nie mehr spielen! <<

Der das rief, war Georg Böhm, zigfacher Deutscher Meister und eigentlich als extrem ruhiger, geradezu introvertierter Spieler bekannt. Der Spruch galt dem französischen Cheftrainer Charles Roesch, der kurz zuvor Böhm nicht für das nächste Gruppenmatch der EM 1986 in Prag nominiert hatte.

Böhm war über sich selbst erschrocken und entschuldigte sich sofort. Aber es war zu spät: »Anderthalb Stunden darauf«, erzählte er später dem »Spiegel«, »drückten sie mir schon ein Ticket in die Hand.« Böhm musste abreisen.

———————— • **BETTRUHE UM 22.30 UHR** • ————————

Auch bei den anderen altgedienten Nationalspielern war dieser Charles Roesch seinerzeit nicht gerade beliebt. Peter Stellwag empfand ihn als »autoritär« und »hochnäsig« und wäre den Kadertrainings genau wie Böhm am liebsten ferngeblieben. Unglaublich »langweilig« sei das Training unter Roesch gewesen, stimmte auch Abwehrkünstler Engelbert Hüging in den Kanon ein. Bettruhe um 22.30 »ging mir auf die Nerven – ich bin doch erwachsen«, fuhr er fort. Und weil er es irgendwann leid war, »mit 28 Jahren zwei Stunden Aufschlag zu üben«, trat Hüging schließlich aus der Nationalmannschaft zurück.

Magnet zur WM 2010 in Moskau

VÖLKERFREUNDSCHAFT AN DER PLATTE

Bei der Weltmeisterschaft 1977 in England befand sich die Welt sich noch mitten im Kalten Krieg. Aber auch im Tischtennissport siegte manchmal die Menschlichkeit über politische Feindschaften. Kurz vor dem Start der Wettkämpfe hatte der Mannschaftsarzt des kommunistischen Jugoslawien einen Herzinfarkt erlitten und konnte vom nationalen Verband nicht mehr ersetzt werden. Deshalb übernahm Josip Trupkovic, Doktor des deutschen Teams, auch die Betreuung der Jugoslawen. Ganz überraschend kam dies freilich nicht: Trupkovic war selbst Jugoslawe und hatte sich u. a. als Entdecker des späteren Doppel-Weltmeisters Antun Stipancic hervorgetan.

DIE ZUSCHAUERENTWICKLUNG DER BUNDESLIGA

Saison	Zuschauer insgesamt	Zuschauerschnitt pro Spiel
1966/67	13.060	233
1975/76	20.745	231
1980/81	48.610	540
1985/86	33.813	376
1990/91	51.480	572
1995/96	60.170	456
2000/01	44.440	494
2005/06	54.430	605
2015/16	39.850	442
2019/20	50.788	385

PROMINENTE HOBBY-SPIELER: JAMIE OLIVER

Der englische Star-Koch bezeichnet Tischtennis als »größten Sport der Welt«. So geschehen auf der Internet-Plattform Youtube, wo Prominente über ihre versteckten Talente berichten (*https://www.youtube.com/watch?v=31W17VdXfzM*). Ganz ernst darf man Oliver allerdings nicht nehmen, und auch sein Talent stellt er nicht wirklich unter Beweis. Im Spiel mit zwei Gegnern wird zwar viel gefuchtelt, aber leider ohne Ball.

DIE GRÖSSTEN SPIELER ALLER ZEITEN: LIANG GELIANG

Der 1950 geborene Chinese begann zunächst mit der Penholder-Spielweise, bevor er sich auf Shakehand umstellte. Ganz offenbar mit Erfolg: 1971 gewann er erstmals den Mannschafts-WM-Titel und wiederholte diesen Erfolg 1975 und 1977. Auch im Doppel (1x) und im Mixed (2x) holte er WM-Gold, ein Metall, das ihm im Einzel stets verwehrt blieb. Hier stehen ihm lediglich zwei dritte Plätze zu Buche. LIANG GELIANG war in zweierlei Hinsicht einzigartig für seine Zeit. Zum einen war er ein ausgesprochener Allrounder, der fließend von Abwehr zu Angriff wechselte und umgekehrt. Zum anderen galt er als gewiefter Tüftler, der Beläge, Schwämme und Hölzer nicht selten während des Turniers wechselte, um sein Spiel zu optimieren.
Ab 1981 spielte Liang mehrere Jahre für deutsche Vereine und bestritt Schaukämpfe. Dass er stets ein ernstzunehmender Sportler blieb, stellte er zuletzt 2010 unter Beweis: Da gewann er zusammen mit der deutschen Legende Wilfried Lieck das Ü60-Doppel bei der Senioren-WM.

PLAIN-HIT

Die Schlagtechniken der 1920er Jahre hießen:

PLAIN-HIT | *Angriffsball ohne Schnitt*
TOPSPIN DRIVE | *Überschnitt*
HALF-VOLLEY | *frühe Ballannahme*
CHOP | *Unterschnitt*

Das oberste taktische Gebot gemäß ITTF-Präsident Ivor Montagu:
Den Ball möglichst flach halten.

MARATHON-MATCHES: DAS LÄNGSTE MANNSCHAFTSSPIEL

Beim Finale des Swaythling-Cups trafen 1936 in Prag die **Teams** von **Österreich** und **Rumänien** aufeinander. Das Match begann am Morgen des 15. März, einem Sonntag. Beendet war es erst am darauffolgenden Mittwoch. Der Sieger hieß, nach über zwölf Stunden reiner Spielzeit, Österreich. Es dürfte sich um die langweiligste Partie aller Zeiten gehandelt haben.

... dass die ersten Betonplatten in Japan standen?

Schon vor dem Zweiten Weltkrieg war man dort auf die Idee gekommen, wetterfeste Outdoor-Platten zu produzieren. Und schon 1936 versuchten die Japaner erstmals, Tischtennis ins Olympische Programm aufzunehmen.

Gagball,
1980er Jahre

—————— • **DIE BESTEN DEUTSCHEN:** • ——————
NICOLE STRUSE

NICOLE STRUSE ist die erfolgreichste Spielerin aller Deutschen Meisterschaften. 17 Titel sammelte sie insgesamt, neun im Einzel, sechs im Doppel und zwei im Mixed. Dabei war sie 1987 als 15-Jährige die jüngste Siegerin aller Zeiten.

Die 1971 in Haan bei Düsseldorf geborene Struse war erstmals 1985 aufgefallen. In diesem Jahr gewann sie das deutsche Ranglistenturnier der Schülerinnen und sämtliche Titel bei der DM ihrer Altersklasse.

Struse galt stets als temperamentvolle, sehr aggressiv agierende Spielerin. Bei den Olympischen Spielen 1996 in Atlanta und der WM 1997 in Manchester stand sie im Viertelfinale und war jeweils die beste Europäerin. Und erst recht auf europäischer Ebene hat sie einiges vorzuweisen. Ihr größtes Jahr durchlebte sie 1996, als sie bei der EM in Bratislava im Einzel, Doppel und mit der Mannschaft siegte. Die Bronzemedaillen von Elke Schall und Jie Schöpp komplettierten das deutsche »Fräuleinwunder« in der slowakischen Hauptstadt.

Auch jenseits der Platte geht Struse ihren Weg. Nach einer Ausbildung zur Groß- und Außenhandelskauffrau absolvierte sie ein Studium als Kommunikationswirtin. 2010 trat sie als Botschafterin der Gay Games auf, also der Homosexuellen-Olympiade, die in jenem Jahr in Kön stattfand.

In manchen Gegenden von Deutschland existieren sie gar nicht,
die Begrüßungssprüche. In anderen wiederum bastelt man
Woche für Woche an einem neuen Sportgruß, um sich –
kämpferisch oder lustig – auf das anstehende Match einzustimmen.
Landauf landab kursieren unter anderem die folgenden
Varianten:

GÄNGIGE SPRÜCHE

• Schmetter – Ball
• Top – Spin
• Ping – Pong
• Guten – Abend/Morgen
• Fair – Play
• Sport – Frei (v.a. Ostdeutschland)
• Gut – Sport
• Zellu – loid

MEHR ODER WENIGER LUSTIG

➔ Kanten – Ball
➔ Schwing die – Plätsch
➔ Locker vom – Hocker
➔ Wir begrüßen unsere Gäste ohne – Spruch
➔ Hoffentlich – verliern wir nicht
➔ Hauptsache – die Haare liegen
➔ Ob Regen, Sonne oder Schnee, wir geben dem Ball – Effet
➔ Für Tischtennis und Bier – Dafür kämpfen wir
➔ Schmetter – ling
➔ Der Ball ist rund – Na und?
➔ Alles für den Dackel – Alle für den Klub
   (aus der Fernsehserie »Hausmeister Krause«)
➔ Marmor, Stein und Eisen bricht – aber unser Schläger nicht
➔ Rums die – Keule
➔ Wer trainiert – verliert

DEN VEREINSNAMEN BETREFFEND

• Jugendsport – Heil
• Wir sind die 6 Schönen – vom FC Könen
• Männer, Götter, Mythen – TSV Gruiten
• Aufschwung – Post
• Eisenbahner – Tut tut
• Adler fliegen – hoch

REGIONALES

→ Nordhäuser – Doppelkorn
→ Agnes – Zieh mir ab, mir reicht's
→ Moin – Moin
→ Oléola – Westfalia
→ Et hätt noch immer – jotjejange
→ Et kütt wie et – kütt
→ Des Lebe is kei – Blumewies
→ Aaaaaache ufff unn – drufff (Augen auf und drauf)
→ Hasseröder Premium Pilsener mit dem – Auerhahn
→ Bällecken – Hops

LAUTMALERISCHES

• Jalla – Kasalla
• Zickezackezickezacke – Heuheuheu
• Uh – Ah
• Hippdischippdirallawippdi Ping – Pong
• Hipdiwipti trallala wipti Pi – Heu
• Tüdelldi – Hopsdi
• Gam – Batte (japanisch für »Strengt euch an«)
• Karamalla – Sasa (Herkunft unbekannt)

ZWISCHEN FRECH UND RÜDE

→ Immer zwei mehr – als ihr
→ In unsrer schönen Halle – machen wir euch alle
→ Mittel – Finger
→ Biiiiiiiiiiiiiiiiiiiiiiiiiiiig – Balls
→ Wir wünschen euch viel Spaß und uns zwei – Punkte
→ Wir wünschen der besseren Mannschaft den Sieg und
   euch einen schönen – Heimweg

Schlüsselanhänger in
griechischer Anmutung

KURZE HOSEN IN AFRIKA

Als sich die europäischen Spitzenspieler 1939 auf den Weg zur ersten WM in Afrika machten, waren sie in mindestens einer Hinsicht privilegierter als ihre Vorgänger. Denn weil jedes moderne Passagierschiff seinerzeit eine Tischtennisplatte an Bord hatte, konnten sie bereits während der Anreise trainieren.

Und auch vor Ort gab es eine einschneidende Neuerung: Weil es in Ägypten so warm war, mokierte sich niemand darüber, wenn mit kurzen Hosen gespielt wurde.

NIE NACH KAIRO

Dieselbe WM bot jedoch auch manches Unerfreuliche. Weil viele gemeldete Spieler aus Geld- oder Zeitmangel Kairo nicht erreichten, wurde das Teilnehmerfeld durch Einheimische aufgefüllt. Manche von ihnen, so frotzelten die internationalen Zeitungen, konnten kaum den Schläger richtig halten. Dennoch gelangten mehrere Ägypter recht weit und sogar in die Medaillenränge. Angeblicher Grund dafür: Um die eigenen Leute zu bevorteilen, setzte man sie fast komplett in die untere Hälfte des Feldes. So gelangte etwa die Ägypterin D. Fahmy ins Halbfinale des 32er-Feldes, ohne gegen eine einzige Ausländerin gespielt zu haben.

23 VON 30

Besonders eklatant war die zahlenmäßige Übermacht der
Ägypter im Damen-Doppel.
Dort traten neben
23 Einheimischen
nur
sieben Ausländerinnen
an. Trotzdem belegten Letztere die
ersten drei Plätze.

DUNKLE ZEITEN

Mit Erlass vom 24. Mai 1933 wird der deutsche Sport in 16 Gaue gegliedert. Tischtennis gehört fortan genau wie Golf zum »Deutschen Tennis- und Hockeyverband«. Geschäftsführer der TT-Sektion blieb Paul Steffenhagen, der dieses Amt schon seit 1925 innehatte. Wie es jedoch weiterhin im Verband so zuging, liegt heutzutage im Dunkeln. Die meisten Unterlagen aus der Zeit des Nazi-Regimes sind leider verschwunden.

Holländischer Wimpel,
1977

DIE GRÖSSTEN SPIELER ALLER ZEITEN: JOHNNY LEACH

Der Engländer (1922 – 2014) nahm an 13 Weltmeisterschaften teil und siegte dabei zwei Mal im Einzel. Während er noch zu Anfang der 1940er für die Royal Air Force in Nordirland wirkte, widmete er sein späteres Leben auf vielfältige Art dem Tischtennis. So war er, zusammen mit seinem Kumpel Richard Bergmann, Mitte der 1950er einer der Ersten, die in der ganzen Welt TT-Schaukämpfe veranstalteten. Leach schrieb mehrere Bücher über seinen Sport und entwickelte mit seiner Firma das sehr elastische Leach-Noppengummi. Die weinrote Farbe der Beläge sowie das gelochte Lederband des Schlägergriffs wurden zum Markenzeichen.

In einer Hinsicht wird Johnny Leach vermutlich noch sehr lange in den Annalen der TT-Historie bleiben. Er war nämlich 1951 der letzte (männliche) Abwehrspieler, der Weltmeister wurde.

Brutal eng ging es in der Abschlusstabelle der Bezirksoberliga Herren Süd im Bezirksverband Weser-Ems der Saison 2009/10 zu. Der BV Essen musste trotz ausgeglichenen Punktekontos mit dem drittletzten Platz vorliebnehmen und in die Abstiegsrelegation. Essen hielt die Klasse.

	Mannschaft	Begegn.	S	U	N	Spiele	+/-	Punkte
1	TTSC 09 Delmenhorst II	18	12	2	4	147:111	+36	26:10
2	TV Hude II	18	10	5	3	146:95	+51	25:11
3	Spvg. Oldendorf II	18	12	1	5	145:115	+30	25:11
4	SF Oesede II	18	10	4	4	141:106	+35	24:12
5	SV Concordia Belm-Powe	18	8	4	6	137:109	+28	20:16
6	TSG Burg Gretesch II	18	7	5	6	130:120	+10	19:17
7	TTV Cloppenburg	18	8	3	7	125:129	-4	19:17
8	BV Essen	18	8	2	8	126:118	+8	18:18
9	TV Dinklage	18	1	1	16	59:156	-97	3:33
10	STV Barßel	18	0	1	17	64:161	-97	1:35

•─ DIE GRÖSSTEN SPIELER ALLER ZEITEN: ─•
JAN-OVE WALDNER

Der »Mozart des Tischtennis« wurde am 3. Oktober 1965 in Stockholm geboren. Im Internet findet man Videos, die ihn als kleinen Jungen an der Platte zeigen. Ein kleiner Junge allerdings, der ein unfassbares Talent besitzt. Waldner begann mit vier Jahren Tischtennis zu spielen, zunächst parallel zu Fußball und Tennis. Schon mit 15 Jahren wurde er Profi.

Waldners Einzigartigkeit manifestierte sich nicht nur durch seine Erfolge, sondern vor allem durch die Art, wie er sie errang. Ausgestattet mit einem perfekten Ballgefühl, war er auch in schwierigen Momenten jederzeit für eine Überraschung gut, die weniger Begabte im ganzen Leben nicht hinbekommen. Auch seine sehr variablen Aufschläge waren bei seinen Gegnern stets gefürchtet.

Jan-Ove Waldner wurde zwei Mal Weltmeister im Einzel (1989 und 1997), ein Mal Europameister (1996) und ein Mal Olympiasieger (1992). Zahllose weitere Medaillen in den anderen Wettbewerben ergänzen seine umfangreiche Sammlung. 2004, im Alter von 38 Jahren, drang er sogar noch mal bis ins Halbfinale der Olympischen Spiele vor.

2001 erschien ein Buch über Waldner: »Geheimnisse eines TT-Genies« heißt es. Aber sein eigentliches Geheimnis, seine exzeptionelle Begabung, lässt sich auch durch Worte nicht vermitteln.

LAUTE GESPRÄCHE UND KLIRRENDE TABLETTS

Immer wieder trifft man beim Tischtennis auf Spieler, die sich beim kleinsten Räuspern zum Publikum drehen und monieren, dadurch abgelenkt zu werden. Ganz anderen Geräuschen waren die Spieler der Frühzeit ausgesetzt, wie ein Turnierbericht aus den 1920er Jahren belegt. Weil der Sport häufig in Kaffeehäusern betrieben wurde, gab es dort »laute Gespräche an vollbesetzten Abendtafeln im Turnierraum, umherschwirrende Kellner mit klirrenden Tabletts« und wohl auch noch einige weitere akustische Unebenheiten.

Kaugummibildchen

SIEGESZUG DANK KAMERAS

Das für den TT-Sport
wesentlichste Ereignis der WM
1933 in Paris waren die US-amerikanischen
Kameras, die in der Halle verteilt waren. Filmfirmen wie »Fox Movie and Tone« und »Paramount«
machten sich daran, einzelne Matches aufzuzeichnen
und in öffentlichen Kinos zu präsentieren. Damals wie heute
sorgte das Massenmedium für eine Massenbewegung. Tischtennis gewann eine Unzahl neuer Fans, jeder versuchte zu
spielen wie Victor Barna oder Laszlo Bellak, die sich im Herren-Finale gegenübergestanden hatten. Die Kino-Übertragungen bewogen auch immer mehr Nationalverbände
dazu, sich international einzumischen. Dennoch
blieben die Weltmeisterschaftsturniere noch
geraume Zeit von Indern und Amerikanern geschmückte Euros.

... dass Größe und Gewicht des Schlägers ebenso frei wählbar sind wie seine Form?

Dass ein Holz also zum Beispiel

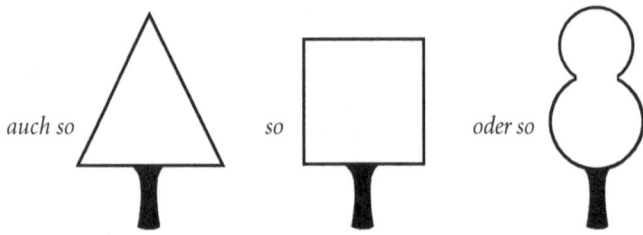

auch so   *so*   *oder so*

aussehen könnte?

Die ersten offiziellen Regeln von 1924 sahen das noch anders. Damals nämlich galt, dass »der Schlägerdurchmesser die Netzhöhe von 17,5 cm nicht überschreiten« darf. Der Griff hingegen durfte beliebig lang sein.

─── • **MEISTER OHNE VERBAND** • ───

Die ersten Meisterschaften der jungen DDR wurden im Gründungsjahr 1949 ausgetragen. Während das Land damals um seine Anerkennung als eigenständiger Staat kämpfte, war die Sachlage bei der Kürung der letzten Titelträger eine gänzlich andere. Als die Siegerteams der Saison 1990/91 ermittelt waren, standen sie nämlich de facto ohne Verband da. Der DTTV hatte sich bereits zum 31.12.1990 aufgelöst. Nichtsdestotrotz seien die letzten Champions des untergegangenen Landes hier notiert: Bei den Damen gewann mit 27:1 Punkten der ESV Lok Leipzig Mitte, bei den Herren hatte der TSV Elektronik Gornsdorf die Nase vorn (34:2 Punkte).

─── • **PROMINENTE HOBBY-SPIELER:** • ───
DIRK NOWITZKI

Als 2008 die Olympischen Spiele von Peking anstanden, fragte man den Basketball-Superstar, welche Sportarten er sich außer seiner eigenen anschauen wolle. Und Nowitzki antwortete: »Tischtennis. Das will ich unbedingt sehen. Das ist ja hier ein Riesending.« Tischtennis, so fuhr er fort, komme bei ihm direkt hinter Basketball, und in seinem Haus in Dallas stehe auch selbstverständlich eine eigene Platte. Timo Boll, als er davon erfuhr, schenkte Nowitzki einen Schläger.

KRAMPF IM UNTERARM BEI 18:19

Bei der WM 1935 in Wembley feierte der legendäre Victor Barna seinen letzten großen Triumph. Das Endspiel gegen seinen ungarischen Kollegen Miklos Szabados war dabei an Dramatik kaum zu überbieten. Die ersten vier Sätze waren, aus Barnas Sicht, 17:21, 21:17, 19:21 und 21:11 ausgegangen. Im Entscheidungsdurchgang führte der amtierende Weltmeister bereits mit 17:13, als sein Kontrahent eine Serie von sechs Punkten in Folge startete. Zu allem Übel zog sich Barna bei 18:19-Rückstand auch noch einen Krampf im Unterarm zu. Das Spiel wurde unterbrochen und Barna massiert. Man ging davon aus, dass die Sache damit zugunsten von Szabados gelaufen war. Aber der alte Hase Barna kam zurück: Mit drei knallharten Vorhand-Schmetterbällen gewann er den Satz noch 21:19 und wurde zum fünften Mal Weltmeister.

DOPPEL-REKORD FÜR DIE EWIGKEIT

Barna und Szabados stellten bei dieser WM
übrigens einen Rekord auf, der möglicherweise
für die Ewigkeit ist:

SIE WURDEN ZUM SECHSTEN MAL
WELTMEISTER IM DOPPEL.

DIE ERSTEN DEUTSCHEN EURO-LANDESMEISTER

Der Europapokal der Landesmeister wird seit 1960 ausgespielt. Als erstes deutsches Team gewannen ihn die Damen des DTC Kaiserberg (Agnes Simon, Rosemarie Seidel, Hilde Gröber) gegen Vörös Meteor Budapest. 1968 und 1969 siegte der BTC Außenhandel Berlin aus der DDR, bevor erst ab den 1990ern wieder deutsche Erfolge zu vermelden sind: der Spvg Steinhagen (1992, 1993) folgten mehrere weitere Damen-Equipen aufs Treppchen. Bei den Herren hingegen dauerte es bis zum ersten Sieg deutlich länger. In der Aufstellung Mikael Appelgren, Peter Stellwag, Reinhard Sefried besiegte Heinzelmann Reutlingen im Finale 1982 den BVSC Vasutas Budapest mit 5:1. Ein Jahr danach wiederholte man den Erfolg gegen Borussia Düsseldorf. 2001 wurde der Wettbewerb durch die Champions League abgelöst.

DAS RUNDE MUSS AUFS ECKIGE: TISCHTENNIS-SPRÜCHE

Das Leben ist wie Tischtennis,
ein ständiges Hin und Her!

Vor Gott sind alle Schläger gleich.

Tischtennis fördert das Stehvermögen.

Das Runde muss aufs Eckige.

Kleiner Ball – großer Sport!

Eine Milliarde Chinesen können sich nicht irren ...

Unglaublich – Der Tisch bewegt sich mehr als ich!

Wenn Tischtennis einfach wäre, würde es Fußball heißen!

DIE SCHLAGFOLGE IM DOPPEL

Wer selbst Tischtennis spielt, der kennt sich auch im Doppel aus. Aber wie erklärt man diese Regeln dem Männchen vom Mars? – Am besten im Wortlaut des offiziellen Regelbuchs: »Im Doppel beginnt der Aufschläger mit dem Aufschlag, den dann der Rückschläger retourniert. Diesen Ball hat der Partner des Aufschlägers zurückzuschlagen, auf der anderen Seite der Partner des Rückschlägers. Dann muss der Aufschläger zurückschlagen, und danach schlagen alle Spieler abwechselnd.« – Total einleuchtend, das sollte auch das grüne Männchen kapieren!

Übrigens: Für Rollstuhlfahrer gilt im Tischtennis die Tennisregel: Nach dem Aufschlag übernimmt der den Ball, der besser positioniert ist.

DER 5. SATZ IM DOPPEL

Selbst bei internationalen Wettbewerben beobachtet man hin und wieder die Irritation der Spieler nach dem Seitenwechsel im Entscheidungssatz. Wer schlägt jetzt auf wen? – Das Regelwerk ist da eindeutig, wenn auch wieder leicht verklausuliert: »*Im letztmöglichen Satz eines Doppels muss das als nächstes zurückschlagende Paar seine Rückschlagreihenfolge ändern, wenn zuerst eines der beiden Paare 5 Punkte erreicht hat.*«

DAS BEDEUTENDSTE TISCHTENNIS-MUSEUM DER WELT
der Welt stand in Lausanne in der Schweiz, bevor es 2018 nach Shanghai
umzog. Mit dem Durchschreiten der Räume verfolgt man auch die
Entwicklung des Tischtennissports. Am Tisch aus den 1890er Jahren
stehen lebensgroße Figuren in Kleidern, mit denen man heutzutage nicht
einmal spazieren, geschweige denn Sport treiben würde.
Außerdem passiert man auf den 10.000 qm zahllose Vitrinen mit
historischen Urkunden und immer wieder Fotografien der großen
Helden der fast 150-jährigen TT-Geschichte:
www.ittf.com/history/museum.
Ein deutsches Tischtennismuseum findet man im Deutschen Tischtennis-
Zentrum in Düsseldorf. Es basiert auf der Sammlung des Bochumers
Günther Angenendt, der seine Schätze auch online präsentiert:
www.tischtennis-museum.com.

Polnischer Verbands-Wimpel

• DEFINITION •

Die freie Netz-Enzyklopädie Wikipedia definiert Tischtennis etwas gestelzt,
aber vollkommen zutreffend mit folgenden Worten:
»Tischtennis ist eine Ballsportart, zu
deren Ausübung man einen Tischtennistisch (ugs. Tischtennisplatte)
mit Netz, einen Tischtennisball und
pro Spieler einen Schläger benötigt.
Das Ziel des Spieles besteht darin,
möglichst viele Punkte zu erzielen,
indem man den Ball auf dem Tisch
über das Netz hin- und herspielt, dabei möglichst eigene Fehler (bspw.
Ballspiel ins Netz oder neben den
Tisch) vermeidet und durch ge-
schickte Spielweise Fehler des Gegners herbeiführt, die zur Beendigung
des Ballwechsels führen.«

Besonders nett: die beiläufige Erwäh-
nung des »umgangssprachlichen« Fach-
worts »Platte«.

DIE BESTEN DEUTSCHEN:
HELMUT HANSCHMANN

Zumindest im Westen Deutschlands kennt kaum ein TT-Spieler den Namen HELMUT HANSCHMANN. Zu Unrecht, denn dieser Mann gehörte nach dem Krieg lange Zeit zur Elite des DDR-Tischtennis. Insgesamt zehn Mal wurde der 1934 in Döbeln geborene Hanschmann DDR-Meister, und er nahm an drei WM-Turnieren teil. Sein Chemie-Studium in Jena schloss er mit einer Magna-cum-laude-Promotion ab. Mit dem dortigen FC Carl Zeiss Jena errang er von 1952 bis 1955 sowie 1958 und 1959 die Meisterschaft. Hadschi, wie er von Freunden genannt wurde, holte zudem die erste deutsche Medaille bei einer Europameisterschaft: Mit seinem Partner Heinz Haupt wurde er 1958 dritter im Herren-Doppel.

Helmut Hanschmann starb am 29. Oktober 2006 in Jena.

Schlüsselanhänger
von Butterfly, 2000

DREI AUFTRITTE, DREI FAHNEN

3 Valentina Popova, neunfache Europameisterin der 1980er Jahre, nahm an den ersten drei Olympischen Spielen teil, die Tischtennis im Programm hatten. Damit ist sie nicht allein, denn auch 19 weitere Spieler standen 1996 in Atlanta vor ihrer dritten Olympia-Teilnahme. Was Popovas Auftritte einmalig macht, ist die Tatsache, dass sie dabei für drei verschiedene Nationen antrat. Weil in jenen Jahren der alte realsozialistische Ostblock nach und nach in Einzelstaaten zerfiel, spielte sie 1988 für die UdSSR, 1992 für die GUS (Gemeinschaft Unabhängiger Staaten) und 1996 für die Slowakei.

DEUTSCHE EM-GOLDMEDAILLEN IM EINZEL

Damen

1962 | *Agnes Simon*
1996 | *Nicole Struse*
2000 | *Qianhong Gotsch*
2009 | *Wu Jiaduo*
2020 | *Petrissa Solja*

Herren

1992 | *Jörg Roßkopf*
2002, 2007, 2008, 2010, 2011, 2012,2018, 2020 | *Timo Boll*
2013, 2015 | *Dimitrij Ovtcharov*

MARATHON-MATCHES:
DER LÄNGSTE BALLWECHSEL

· · · · · · · · ·

Den Weltrekord für den längsten Ballwechsel der Tischtennis-Geschichte hielten lange Zeit die beiden US-Amerikaner Robert Stiegel und Donald Peters. Am 30. Juli 1978 spielten sie sich in Stamford die kleine Zelluloidkugel 8 Stunden und 33 Minuten lang hin und her. 31 Jahre bestand diese Bestmarke, bevor Koji Matsushita und Hiroshi Kamura-Kittenberger kamen. Der Japaner Matsushita, geboren 1967, ist vierfacher Meister seines Landes und nahm an mehreren Olympischen Spielen teil. 1997 gewann er die WM-Bronzemedaille im Doppel. Bevor er seinen Schläger im Jahr 2009 an den Nagel hängte, war er u. a. auch in Deutschland beim SV Plüderhausen und bei Borussia Düsseldorf aktiv. Mit seinem Partner Kamura spielte er den Ball am 31. August 2009 8 Stunden, 34 Minuten und 29 Sekunden fehlerlos hin und her. Um Schlimmeres zu vermeiden, trugen die beiden Rekordjäger Windeln.

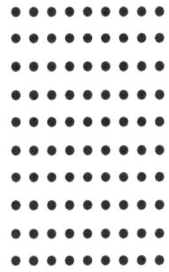

Für viele beginnt die Liebe zum Tischtennis im Park, an der Betonplatte. So grazil das Spiel, so wuchtig dieses Outdoor-Spielgerät. Eine handelsübliche Betonplatte wiegt knapp eine Tonne. Hinzu kommen zwei bis drei Konsolen à
<u>ca. 125 KG,</u>
ein Querbalken von
<u>50 KG</u>
sowie das eiserne Netz. Macht zusammen
<u>RUND 1,3 T,</u>
die, so warnen die Aufbauanleitungen, von
<u>VIER BIS SECHS KRÄFTIGEN MÄNNERN</u>
gestemmt werden müssen. Der Preis für die nahezu unzerstörbaren Platten: Inklusive Lieferung muss man mit etwa
<u>1.500 EURO</u>
rechnen.

• PROMINENTE HOBBY-SPIELER: •
HANS-GÜNTHER (»HANSI«) SCHMIDT

Der 1942 geborene HANSI SCHMIDT galt zu seiner Zeit als der beste Handballer der Welt. Der Erfinder des verzögerten Sprungwurfs war 1963 aus Rumänien in die Bundesrepublik geflohen, für die er 98 Länderspiele absolvieren sollte. Mit dem VfL Gummersbach wurde Schmidt vier Mal Europacupsieger und sieben Mal Deutscher Meister. Von 1967 bis 1971 war er zudem ununterbrochen Torschützenkönig der höchsten deutschen Spielklasse.
Nach Ende seiner aktiven Laufbahn zog er sich in seine Wahlheimat Derschlag nahe Gummersbach zurück. Bis zu seinem Tod 2023 hielt er sich, laut eigener Auskunft, mit regelmäßigem Tischtennis fit.

• WUSSTEN SIE SCHON, ... •

 ... dass man Tischtennis bis 1891 mit Bällen aus Kork oder Gummi spielte?
Diese waren mit rund 5 cm Durchmesser auch deutlich größer als unsere heutigen. 1891 jedoch brachte der englische Ingenieur James Gibb, der 1875 bereits die Ur-Tischtennisregeln formuliert hatte, aus den USA die ersten Zelluloidbälle mit. 1902 sollen dann allein im englischen Essex bereits zwei Millionen Bälle pro Woche produziert worden sein.

Taschenrechner
zum 50. Jubiläum
des TTV Württemberg-
Hohenzollern

DEUTSCHE SCHÜLERMEISTER, DIE SPÄTER BERÜHMT WERDEN SOLLTEN

1977 | Jürgen Rebel, Susanne Wenzel
1983 | Jörg Rosskopf, Ilka Böhning
1984 | Katja Nolten
1985 | Peter Franz, Nicole Struse
1987 | Torben Wosik
1993 | Zoltan Feyer-Konnerth
1994 | Timo Boll
1999 | Christian Süss
2001 | Patrick Baum
2002 | Dimitrij Ovtcharov

KOPFBÄLLE

Der Tscheche Jan Skorkovsky hält den Weltrekord im Tischtennisball-Hochhalten. 3.332 Mal beförderte er den Ball per Fuß in die Luft, ohne dass er ein einziges Mal den Boden berührte. Mühelos schafft der Mann es auch, den Ball 100 Mal mit dem Kopf hochzuhalten. Außerdem springt er gern Seilchen und balanciert dabei einen TT-Ball auf der Stirn. Skorkovsky hält viele weitere Rekorde, u. a. den im Kicken eines Fußballs während eines Marathonlaufs. Dafür benötigte er 2004 beim Prag-City-Lauf 7:18:55 Stunden.

Kaum jemand in der Geschichte des Tischtennis spielte zugleich so athletisch und elegant wie der 1978 geborene WANG LIQIN. Ihm bei der Ausübung seines Sportes zuzusehen, war stets eine Augenweide. Der recht großgewachsene Chinese mit dem Shakehand-Stil gewann drei Mal die Weltmeisterschaft im Einzel (2001, 2005, 2007). In jenem letzten Finale hatte er bereits 1:3 nach Sätzen und 1:7 nach Punkten zurückgelegen, bevor er seinen Landsmann Ma Lin noch mit 4:3 bezwang. Danach sprach er ganz zu Recht vom »größten Match seines Lebens«.

Wang Liqin ist zudem mehrfacher Mannschafts-, Doppel- und Mixed-Weltmeister. Im Doppel sowie mit der Mannschaft holte er Gold bei Olympischen Spielen. In der Bundesliga spielte Wang mehrere Jahre für den TTC Jülich.

BÄLLE AUS DER DDR

Tischtennis-Equipment war stets rar in der DDR. Dennoch wurden auch hier diverse Ballsorten produziert:

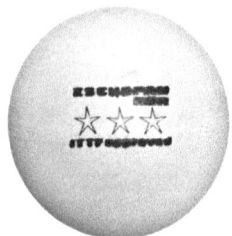 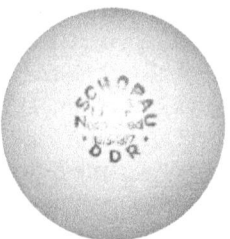 

SPONSORTERMIN STATT SIEGEREHRUNG

Auch der ansonsten immer freundliche Timo Boll kennt die Fettnäpfchen, in die man treten kann. Richtig sauer war man auf ihn bei der EM 2005 in Aarhus/Dänemark. Warum? – Boll war vor der Siegerehrung im Doppel, bei der ihm zusammen mit Doppelpartner Süß die Bronzemedaille umgehängt worden wäre, einfach abgereist. Altmeister Eberhard Schöler empörte sich, und auch Mannschaftskollege Roßkopf kommentierte dies kritisch: »Da muss der DTTB Einfluss nehmen, das geht nicht.«

Bolls offizieller Grund für sein Fehlen: ein Arzttermin. Ebenfalls auf diesem Vormittag lag jedoch auch noch eine Sponsor-Präsentation ...

*ping*elig

Im Mittelalter wurde aus Waid ein wertvoller blauer Farbstoff hergestellt. Eisenkugeln am Boden des Topfes zerkleinerten den Rohstoff. Damit die Farbe nicht ansetzte, musste der Blaufärber das Gefäß permanent von außen beklopfen = pingeln. Später wandelte sich die Bedeutung dieser sorgfältigen, sparsamen Verrichtung ins Negative.

Do*ping*

*Ping*uin

Kidnap*ping*

Kop*ping*

»Ich han Ping«, das bedeutet im kölschen Dialekt »Ich habe Schmerzen/Pein«. Und weil »Kopf« gleich »Kopp« ist, müsste man das Wort eigentlich mit drei p schreiben: Koppping. Macht aber keiner.

*Ping*e

Bergmannssprache: durch Einsturz alter Gruben entstandene Vertiefung

*Ping*sdorf

Ortschaft bei Brühl, nahe Köln

*ping*ere

Lateinisch für (aus)malen, depingere heißt dementsprechend abmalen

*Ping*uecula

von lat. pinguis = fett und macula = Fleck. Damit bezeichnet man in der Augenheilkunde eine harmlose Degeneration der Bindehaut, die sich als flacher weißgelblicher Fleck in der Lidspalte sichtbar macht. Man vermutet, dass er u. a. durch den Einfluss von UV-Strahlen entsteht.

◆ EIN INTERNET-ECHO ◆

.... Das Wort »Ping« ist auch in die Internet-Fachsprache eingegangen. Dort bedeutet es so viel wie »Echo«: Rechner A sendet ein Signal an Rechner B, und der beantwortet es. Die gebrauchte Zeit gibt dann einen Anhaltspunkt für die Geschwindigkeit der Verbindung. Je kleiner der Ping-Wert, desto besser die Verbindung. ....

SCHÄDELDELLE

Bei der »Ping-Pong-Fraktur« handelt es sich hingegen um einen medizinischen Begriff. Er bezeichnet eine kindliche Fraktur am Schädelknochen – die Delle ähnelt dann der eines eingedrückten Tischtennisballs.

MEDIZINISCHES MATCH

→ Ebenfalls aus der Medizin stammt der »Ping-Pong-Effekt«. Dabei geht es zumeist um die erneute Infektion mit einer Geschlechtskrankheit. Erst war der eine Partner infiziert, und weil er gar nicht oder unzureichend behandelt wurde, steckt er den anderen Partner an. Der Ball wird also, wie beim Tischtennis, zurückgespielt. Während daraus im Sport allerdings ein nettes Match entstehen kann, hat es in der Medizin negativere Folgen: Beide Partner müssen (nochmals) therapiert werden und während dieser Zeit klösterlich leben. ←

PING-PONG-BI-BI

Enzyme sind Proteine, die verschiedene biochemische Vorgänge im menschlichen Körper steuern, zum Beispiel die Verdauung. Manche dieser Reaktionen laufen nach einem sogenannten Ping-Pong-bi-bi-Mechanismus ab, den Wikipedia folgendermaßen erklärt:

»Andere Enzyme, wie zum Beispiel die Aminosäure-Transaminasen, bedienen sich hingegen eines ›Ping-Pong-bi-bi‹-Mechanismus, in dem ebenfalls zwei Substrate (bi) in zwei Produkte (bi) umgesetzt werden, allerdings in separaten Reaktionsschritten. So setzen Transaminasen ihr Substrat A (Aminosäure 1) zu einem Produkt P (alpha-Ketosäure 1) um (Ping). Nachfolgend wird eine andere alpha-Ketosäure (B) aufgenommen und die analoge Aminosäure überführt (Pong). Dieser Mechanismus gelingt, da die prosthetische Gruppe des Enzyms (Pyridoxalphosphat) zwischen den Reaktionen zu Pyridoxaminphosphat wird. Man spricht vom Übergang der Enzymform ›E‹ in die Enzymform ›F‹. Am Ende des Zyklus ist der Ausgangszustand wiederhergestellt.«

THAI-SUPPE

Maenam Ping (kurz: Ping) heißt ein großer Fluss in Thailand. Er ist 569 km lang, hat ein Einzugsgebiet von 33.896 km² und beginnt im Gebirge des Pha Daeng Nationalparks. Bei Nakhon Sawan vereinigt er sich mit dem Nan zum Cao Phraya, dem größten Fluss des Landes.

VERANTWORTUNGS-PINGPONG

.... In der Politik nutzt man das Spiel mit dem kleinen Ball gern als Metapher für das Hin- und Her-Verschieben von Verantwortung, nach dem Motto: Hauptsache, ich bin nicht schuld. So z. B. auch im Zusammenhang mit dem stark umstrittenen Umbau des Stuttgarter Bahnhofs, der bald unter dem Schlagwort »Stuttgart 21« berühmt wurde.

Im Juni 2011 kritisierte der baden-württembergische Verkehrsminister Winfried Hermann (Grüne) die Haltung der Bahn und des Bundes mit den Worten: »Wenn jetzt Minister Ramsauer die Entscheidungszuständigkeit an den Bahnvorstand zurückspielt, ist dies ein Verantwortungs-Pingpong, der den schwierigen Verhältnissen in Stuttgart nicht gerecht wird.«

RAKETEN ZU PFLUGSCHAREN

Martialisch wird es, wenn von der »Ping-Pong-Rakete« die Rede ist. Diese amerikanische Aufklärungswaffe wurde 1964 von der Firma Lockheed entwickelt. Ihr Trick: Nachdem sie Fotos des Zielgebiets geschossen hatte, sorgte ein Raketenmotor für Schub in die entgegengesetzte Richtung, so dass der Flugkörper wieder nach Hause fand. In Serie ging das Teil allerdings nicht.

PINGNOd

PING-PONG-POP

PingPong nannte sich ein israelisches Pop-Quartett, das im Jahr 2000 beim Eurovision Song Contest in Schweden antrat, dort allerdings nur 22. wurde.

ROLLENDE STEINE

Ein wenig weiter im Pop-Business brachte es KEITH RICHARDS. Der Gitarrist der Rolling Stones schreibt in seiner Biographie »Life« über die »alten Zeiten«: »Es gab ein Zweispurgerät, sonst nichts. Irgendwann hatte ich die Sache mit dem Overdub raus, ›Ping-Pong‹ nannte man das: Man überspielt alles, was man gerade aufgenommen hat, auf eine Spur, damit man die andere neu bespielen kann. Vom Sound her gehen dabei natürlich Welten verloren.«

Wer sich mit Jim Knopf und seinen Abenteuern gut auskennt, der mag sich an den kleinen Ping-Pong erinnern. Er ist das 32. Kindeskind des Herrn Schu Fu Lu Pi Plu und so winzig, dass sein Kopf nur die Größe eines Tischtennisballs hat. Er besorgt Jim und Lukas nach deren Ankunft in Mandala etwas zu essen und rettet sie sogar später vor der Hinrichtung. Zur Belohnung für seine Tapferkeit wird Ping-Pong vom Kaiser zum neuen »Oberbonzen« ernannt und erweist sich in diesem Amt als außerordentlich tüchtig.

• SCHÖNE WÖRTER MIT PONG •

*Spong*e Bob
kultige US-amerikanische Comicfigur
in Schwammform

*Pong*au
salzburgische Alpenlandschaft

Elodie *Pong*
1966 in Boston geborene Schweizer Künstlerin:
Videoinstallationen, Experimentalfilme,
Performances, Fotografie, Skulpturen

Zürle *Pong* Dawinjong
lautsprachlich für
Sur le pont d´Avignon

*Pong*ratz
führender Hersteller von
Pkw-Anhängern in Österreich

*Pong*o
wissenschaftlicher Gattungsname der
Orang-Utans; ein Fluss im Sudan; ein Fluss in Guinea:
Rio Pongo

*Pong*o und Perdita
ursprünglicher Name des
Disney-Zeichentrickfilms
»101 Dalmatiner« aus
dem Jahr 1961

1972 veröffentlichte die Computerfirma Atari unter dem Namen
»Pong«
das erste weltweit populäre Videospiel.
Der extrem simple Aufbau ähnelte dem Tischtennis.
Jeder Spieler bediente einen senkrechten Strich (Schläger),
der sich lediglich auf- und abwärts bewegen ließ.
Dabei war es das Ziel, einen Punkt (Ball) zu
retournieren, bis einer der Kontrahenten diesen verpasste.
Pong-Automaten standen zunächst in Spielhallen und durften
erst ab 18 benutzt werden.

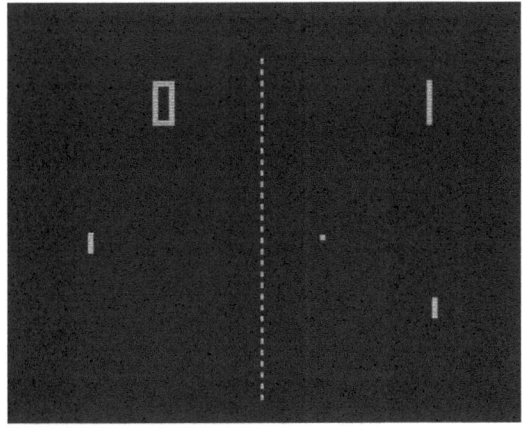

Die Pong-Bildfläche

● GIACOMO PUCCINI, DER KANZLER ●
UND DER KÜCHENMEISTER

Der berühmte Komponist GIACOMO PUCCINI (1858–1924) hat dem Tischtennis zwei grandiose Denkmäler gesetzt. Zunächst wäre da die Oper »Madame Butterfly« (Uraufführung: 1904) zu nennen, die schon im Titel eindeutig klarmacht, worum es hier geht. 1926 folgte dann posthum »Turandot«. In diesem Singspiel dreht sich alles um die Prinzessin Turandot, die jeden Freier köpfen lässt, der ihre Rätsel nicht löst. Gleich zu Beginn klagen drei ihrer höfischen Angestellten ihr Leid über die grausamen Umstände von Turandots Herrschaft. Zwei davon heißen PING (der Kanzler, Bariton) und PONG (der Küchenmeister, Tenor). Ebenfalls ein Tenor, aber dafür tischtennisfern, ist der dritte Klagesänger: PANG, der Marschall der bitteren Prinzessin.

Marzipan-Geschenk
zur DM 2005
in Minden

PROMINENTE HOBBY-SPIELER: GÜNTER WALLRAFF

Der Kölner GÜNTER WALLRAFF ist der Mann, der permanent in andere Rollen schlüpft, um soziale Missstände aufzudecken. Seinen größten Erfolg feierte der Schriftsteller als Türke Ali, der in deutschen Fabriken schuftet. Das Buch »Ganz unten«, in dem Wallraff die zum Teil skandalösen Erlebnisse schildert, wurde 1985 zum Mega-Bestseller.

Weniger bekannt: Der Autor ist zugleich ein begeisterter Tischtennisspieler. Keiner seiner Gäste aus aller Welt kommt bei ihm zuhause darum herum, eine Partie Tischtennis zu spielen. Gerne erzählt er etwa von seinen Matches gegen Wolf Biermann oder Salman Rushdie, die beide zeitweise bei ihm wohnten. Was seine Hausgäste betrifft, hat er auch so seine Tricks: »Da setze ich im Übrigen manchmal Geld, um meine Gegner zu besseren Leistungen anzuspornen. Ich sage dann immer ironisch: Im Profisport geht's doch nur um Geld. Ich biete denen einen Euro an für jeden Punkt, den sie über drei holen. Und hilft es nicht, können es zehn Euro pro Punkt sein.«

Wallraff gewinnt normalerweise, an der Platte gilt er als extrem ehrgeizig. Einmal jedoch erwischte es auch ihn, als er im September 2007 auf Einladung des »Zeit-Magazins« in der Kölner Justizvollzugsanstalt zu einem Schaukampf antrat. Sein Gegner war nämlich kein Geringerer als Timo Boll.

KNOCK ON WOOD

In der Frühzeit des Tischtennis konnten Schläger aus Kork, sogar aus Pappe bestehen. Heutzutage werden sie mit den unterschiedlichsten Materialien kombiniert: mit Karbon etwa, mit Glasfasern, Metallfolien, verschiedenen Kunststoffen oder hartgepresstem Papier. Stets werden mehrere Schichten miteinander verklebt, um hohe Elastizität bei gleichzeitiger Stabilität zu gewährleisten. Basismaterial für TT-Schläger bleibt jedoch das Holz, das sehen die Regeln so vor. Mindestens 85 % des Schlägers, gemessen an seiner Dicke, müssen aus Holz bestehen. Oder andersherum: Alle anderen Anteile müssen unter 7,5 % bzw. 0,35 mm bleiben – je nachdem, welcher Wert niedriger ist.

DEIN SCHLÄGER LEBT

Jeder Schläger ist ein absolutes Unikat, es gibt ihn also kein zweites Mal auf der Welt! Zunächst gilt das ganz banal für die Kombination aus Holz und Belägen, die dank des großen Marktangebots sehr vielfältig ist. Aber auch der jeweils verwendete Belagskleber sorgt schon für Unterschiede zwischen zwei an sich gleich zusammengestellten Schlägern. Weiterhin von Bedeutung sind das Alter von Belägen und Holz sowie die Frage, ob Letzteres lackiert wurde. Entschieden beeinflusst wird das Verhalten des Rackets zudem von den unterschiedlichen Furnieren. Jeder Baum produziert härteres und weicheres Holz, das zu unterschiedlichen Reaktionen führt. Aber auch der eigene Schläger ist morgen nicht mehr derselbe wie gestern. Luftfeuchtigkeit und Temperatur einer jeden Turnhalle schlagen sich auf sein Verhalten nieder. Außerdem unterliegt sein Holz einem natürlichen Alterungsprozess und verändert dabei zudem seine spezifischen Eigenschaften.

Eine originelle Variante des Tischtennis nennt sich DIÄSCH (westfälisch für Tisch) und stammt aus Münster. Dabei handelt es sich um Ganzkörpertischtennis ohne Schläger. Der Ball (Prelk) darf nur ein Mal mit der Hand, ansonsten jedoch so oft, wie der Spieler will, berührt werden. Sehr effizient: eine Annahme mit dem Oberschenkel und ein darauffolgender Schmetterball per Hand.

Eine weitere Besonderheit ist der Umgang mit »Nassen«. Auch die Außenkante gehört beim Diäsch mit zum Spielfeld und darf folglich absichtlich bespielt werden. Mit der Einschränkung allerdings, dass Kantenbälle höflich angekündigt werden müssen.

✦ WUSSTEN SIE SCHON, ... ✦

 ... dass ein TT-Spieler bis zu sechs Werbeflächen auf seiner Spielkleidung verteilen darf?

Regel 2.5.10.2 besagt, dass höchstens vier davon auf der Vorderseite angebracht sein dürfen. Breite Schultern oder dicke Bäuche schaffen übrigens keinen Wettbewerbsvorteil: Die Gesamtfläche für Körperwerbung beträgt einheitlich maximal 600 cm².

Ausgeschlossen ist im TT-Sport das Werben für Tabak, Alkohol und Drogen.

✦ ACETON UND BIMSMEHL ✦
... ODER: WIE EIN ZELLULOIDBALL ENTSTAND

Die Fertigung eines Tischtennisballs begann über hundert Jahre lang mit puren Zelluloid-Platten. Aus diesen wurden runde Scheiben ausgestanzt. Das Ganze musste dann auf 100 Grad erhitzt und im Tiefzieh-Verfahren in eine Hohlform gepresst werden. Dabei entstanden Halbkugeln, deren Ränder beschnitten und die dann mittels Aceton miteinander verklebt wurden. Der Roh-Ball musste an der Naht nun wiederum glattgeschnitten werden, bevor er durch Erhitzen in einer Kugelform auf sein finales Maß aufgeblasen wurde. Rotierend in einer Trommel und mit Hilfe von Bimsmehl wurden schließlich Endgewicht und endgültige Form erreicht. Im darauffolgenden Selektionprozess prüfte man ihn maschinell auf Gewicht, Härte und Rundung. Bevor sie an der Platte zum Einsatz kamen, mussten die Bälle jedoch noch gelagert werden. Dabei verdunsteten die Lösemittelrückstände. Praktischerweise lief die Trocknung allerdings zumeist bereits auf dem Schiff, das die Bälle über mehrere Wochen von den Fabriken in Asien zu ihren Abnehmern beförderte.

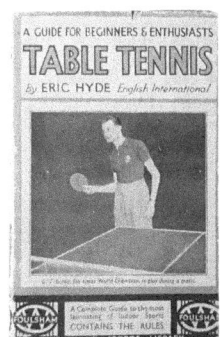

Englische
TT-Bücher aus
den 1970ern

• DER TISCH •

Die vorgeschriebene Länge eines wettkampftauglichen Tisches beträgt 2,74 m.
Bei einer Breite von 1,525 m muss er 76,2 cm hoch sein. Dass diese Zahlen so
krumm sind, hängt mit ihrem britischen Ursprung zusammen. Dort nämlich
glätten sich alle Maßeinheiten auf das Eleganteste: 9 Foot Länge korrespondie-
ren mit 5 ft Breite und 2,5 ft Höhe.

Die Tischlänge wird bei 1,37 m zweigeteilt durch das Netz. Wegen der Auf-
schlagsregeln für das Doppel wird jede Tischhälfte sodann noch einmal hal-
biert: Ein 3 mm breiter weißer Streifen grenzt die Felder voneinander ab. Ebenfalls weiß hat die 20 mm breite Linie zu sein, die als Grund- bzw. Seitenlinie
komplett um den Tisch herumläuft.

Weitere Regeln betreffen das Material und die Oberflächenbeschaffenheit. Ein
aus 30 cm Höhe fallen gelassener Ball, so will es die Vorschrift, muss nach dem
Auftitschen zwischen 22 und 25 cm hoch springen. Die Oberfläche sollte dunkel genug sein, um sich deutlich vom hellen Ball abzusetzen. Außerdem darf sie
nicht reflektieren. Genaueres regelt seit 2005 die DIN-Norm DIN EN 14468.

Erstmals hatte man in Deutschland im Jahr 1924 den Versuch gemacht, ein-
heitliche Tischmaße zu etablieren. Damals orientierte man sich am sogenannten Pforzheimer Modell, das gegenüber dem heutigen Standard etwas kleiner
ausfiel: Bei 2,70 m Länge sollte die Spielfläche nur 1,40 m breit sein, durfte dafür jedoch in der Höhe zwischen 75 und 85 cm variieren.

 von Anselm Neft

Als ich ein Knabe war,
– ping-pong, ping-pong –
noch unvernarbt und heldenkühn,
da ging ich in den Sportverein,
zu stählen Körper und auch Geist.

Von allen Sorten Sports
schien nur der eine nobel mir,
Und ich entschied mich kinderklug
fürs Tennis, das am Tisch gespielt.

Ich kaufte mir ein Holz,
– ping-pong, ping-pong –
das Tibhar H 1 9 genannt,
einschichtig, Offensiv ++,
Hinoki-Feeling aus Fernost.

Als Vorderhand-Belag
zog ich den Domination auf,
den Dr. Neubauer entwarf.
Rückwärtig Banda Rossa Soft.

Und keiner kam mir gleich,
– ping-pong, ping-pong –
An Tempo, Schnittlist oder Wumms.
Effetreich störten meine Schläge
den Gegner bis er unterlag.

Von Berkum bis nach Merl
war ich als Nummer 1 bekannt,
Von Spiel zu Spiel wuchs wohl
                    mein Ruhm,
mein Trainer sah mich oft ernst an.

Dann aber kam der Tag,
– ping-pong, ping-pong –
der die Jugend mir zerstörte,
an dem ich bitter ward geschlagen
beim Auswärtsspiel in Witterschlick.

Jeder ahnt, wie trüb es ist
als dritte Klasse Kreisligist,
so war der Aufstieg unser Ziel
beim Witterschlicker Auswärtsspiel.

Vom Aufstieg in die nächste Klasse
trennte nur ein Mann von Masse.
Ja, mein Gegner war sehr dick
beim letzten Spiel in Witterschlick.

Seine Rückhand, die genoppte,
die mir jeden Aufschlag stoppte
und als wär's nichts retournierte,
was mich zusehends frustrierte,

bremste jeden Angriff ab
Bis sich viele Bälle schlapp
an der Netzkante verfingen
und dann auf meine Seite gingen.

Den Dicken lud ich mir zum Tanz
aus variabler Halbdistanz,
doch schnitt ich auch minütlich schicker
stoisch schob der Witterschlicker.

Alfter, Dransdorf, Kuchenheim:
keinem ging ich auf den Leim!
Doch nun versagten alle Tricks
bei diesem Dicken Witterschlicks.

Durch den Witterschlicker Dicken
ließ sich früh mein Tod erblicken,
und die Witterschlicker Halle
geriet mir jäh zur Seelenfalle.

Nach vergeigtem letzten Satz
machte Trainer Böhm Rabatz
Und rief inmitten Witterschlicks:
»Da nützt dir auch dein Ehrgeiz nix!«

Seit dem schlimmsten aller Tage
hab ich Angst, dass ich versage.
Einerlei ob ich nun dichte
oder mich zum Fest herrichte,

ob ich eine Rede halte
oder Origami falte:
Mir sitzt als Huckschreck im Genick
der dicke Mann aus Witterschlick.

Mein beschädigtes Vertrauen
verbaut den Weg zum Herz der Frauen:
Kaum will ich küssen, kuscheln, ficken,
seh' ich aus Witterschlick den Dicken.

Ich sei sehr schwierig, heißt es dann,
ein Mix aus Memme und Tyrann.
Doch wer trägt denn die Schuld daran?
Aus Witterschlick der dicke Mann!

Sei es die kleinste Liebelei:
Der Typ ist immer mit dabei,
und je verliebter, desto dicker
wird der fiese Witterschlicker,

drückt mich zurück nach Witterschlick
wo ich mit irrem Zitterblick
wie an einem Liter Schlick
an der Erinnerung erstick.

Als ich ein Knabe war
– *ping-pong, ping-pong* –
noch unvernarbt und heldenkühn,
da ging ich in den Sportverein
– *ping-pong, ping-pong* –

*(Aus: EXOT. Zeitschrift für komische
Literatur, Nr. 10, hrsg. von Christian
Bartel, Olaf Guercke und Anselm Neft)*

Französischer Pin

Von echten Profiverhältnissen war der Tischtennissport auch Anfang der 1970er noch weit entfernt. Aufschlussreich ein Artikel aus der »Österreichischen Tischtennis-Schau«, der die Schwierigkeiten im Vorfeld der WM 1971 im japanischen Nagano beleuchtet:

»Dank der verständnisvollen Haltung des Bundesministeriums für Unterricht, aber auch der Opferbereitschaft der Teilnehmer, konnten die finanziellen Mittel für die Entsendung einer TT-Auswahl nach Japan beschafft werden. Rund 25.000 $ betragen die Kosten pro Person, 7.000 $ übernahmen jeder der sechs Spieler, und der sie betreuende Verbandskapitän Dr. Karl Simecak (als Delegierter) und Heri Just (als Gast des Swaythling Klubs) zahlen sich die Reise selbst.«

Österreichs Teilnahme wäre übrigens dennoch fast gescheitert. Die Anmeldung der Mannschaft war irgendwo auf dem Postweg verlorengegangen.

Maskottchen
der WM 2008
in China

──────── NIE MEHR TOPSPIN ────────

Unter dem Namen des Altmeisters VICTOR BARNA wurden in den 1980er Jahren TT-Bälle vertrieben, die sich durch enorme Haltbarkeit auszeichneten. Sie bestanden erstmals aus einem anderen Kunststoff als Zelluloid. Obwohl praktisch unzerstörbar, hatten die Wunderbälle leider auch einen großen Nachteil. Sie wurden nämlich schon nach kurzer Zeit dermaßen glatt, dass Begriffe wie »Topspin« oder »Unterschnitt« zu Fremdworten mutierten. Die Folge: Victor Barnas verschwanden recht schnell wieder vom Markt.

DEUTSCHE WM-MEDAILLEN MIT DER MANNSCHAFT

GOLD
Damen 1934, 1939

SILBER
Herren 1969, 2004, 2010, 2012, 2014, 2018, 2022
Damen 1936, 1937

BRONZE
Herren 1963, 1967, 1993, 1997, 2006
Damen 1935, 1997, 2010, 2022

DIE GRÖSSTEN SPIELER ALLER ZEITEN: ANGELICA ADELSTEIN-ROZEANU

Niemand im Frauen-Tischtennis war über so lange Zeit derart dominant wie die 1921 in Bukarest geborene ANGELICA ADELSTEIN. Schon als 15-Jährige holte sie 1936 den ersten nationalen Titel und gewann in der Folge alle rumänischen Meisterschaften bis 1957. Erstmals Einzelweltmeisterin wurde sie 1950 – noch nie zuvor hatte eine rumänische Sportlerin irgendeinen WM-Titel gewonnen. Angelica hingegen verteidigte diesen sage und schreibe fünf Mal hintereinander erfolgreich. Nebenher holte sie drei Goldmedaillen im Doppel, drei im Mixed und fünf mit dem Team. 1953, in ihrem allerbesten Jahr, räumte sie gleich sämtliche Titel ab.

Mit insgesamt 17 WM-Siegen ist Angelica Adelstein-Rozeanu die bis heute erfolgreichste Tischtennisspielerin aller Zeiten. Außerdem war sie 1955 die letzte Europäerin auf dem WM-Thron, danach siegten stets die Asiatinnen. Die gebürtige Jüdin, die unter dem faschistischen Regime im Rumänien der Vorkriegszeit zu leiden hatte, starb 2006 in Haifa/Israel.

DIE DREI BESTEN DOPPEL DER BL-GESCHICHTE

Paarung	Verein	Bilanz
1 Lieck/Nieswand	TTC Altena	170:74
2 Douglas/Deutz	Borussia Düsseldorf	119:17
3 Schmittinger/Köcher	Eintracht Frankfurt	117:20

PROMINENTE HOBBY-SPIELER: FRITZ TEUFEL

FRITZ TEUFEL (1943–2010) war Mitbegründer der Kommune 1 und einer der führenden Köpfe der deutschen Studentenbewegung. Legendär wurde jener Spruch, mit dem er der Aufforderung eines Richters, sich zu erheben, Folge leistete:»Wenn es denn der Wahrheitsfindung dient.« Teufel war damals angeklagt, einen Stein gegen den Folter-Schah von Persien geworfen zu haben. Er wurde freigesprochen.

Später landete er doch noch im Knast, aber Teufel war auch Tischtennisspieler. In ihrem Nachruf 2010 schrieb die Berliner »tageszeitung«: »*Fritz Teufel ertrug acht Jahre Knast und acht Jahre Parkinson. Sein Rezept gegen die Krankheit war neben dem gelegentlichen Stoßseufzer ›Parkinson ans Telefon!‹ ein kleiner weißer Ball. Er spielte unermüdlich Tischtennis und rekrutierte dafür als Spielpartner auch alte K1-Kommunarden: ›Nach einer halben Stunde Ping-Pongballett kommen Körper und Nerven zur Ruhe.‹ Liebster Spielort war ihm, notfalls auch im dicken Mantel bei Graupelschauer, eine Tischtennisplatte im Park, unweit vom Amtssitz des Bundespräsidenten. Solange der noch Köhler hieß, erzählte Teufel gern, dass die beiden dasselbe Ludwigsburger Gymnasium besucht hatten. Der Präsident und der arme Teufel. Der lebte im Wedding ohne jegliche Reichtümer, ohne Bett und Schrank, fast immer noch wie ein Student. ›Ich beklage mich nicht. Ich bin genügsam, und wenn ich wirklich etwas brauche, dann bekomme ich es auch.‹*«

DER TT-DOKTOR

Der jugoslawische Spieler ZARKO DOLINAR (1920–2003) holte insgesamt 8 WM-Medaillen. Bereits 1939 errang er Silber mit der Mannschaft und Bronze im Einzel. Mit der Österreicherin Eermelinde Wertl verlor er den Mixed-Wettbewerb von 1953 erst im Endspiel. Im Jahr darauf holte dieselbe Paarung Bronze, und an der Seite seines Landsmannes Vilim Harngozo gewann er den Titel im Doppel. 1955 schließlich gelangte er zwar ins Herrn-Finale, unterlag dort jedoch dem japanischen Spitzenmann Toshiaki Tanaka innerhalb von nur 14 Minuten.

Dolinar promovierte in Anatomie, Histologie und Embryologie und ist damit der einzige Tischtennis-Weltmeister mit Doktorgrad. Auch in manch anderer Hinsicht war der gewiefte Penholder-Experte etwas Besonderes. Im Zweiten Weltkrieg rettete er Juden vor den Nazi-Häschern.

Dolinars Markenzeichen waren selbstgebastelte, überdimensional große Schläger. Er lehrte an der Universität Basel und wurde in Zagreb beerdigt. Im Schwabenland benannte sich sogar ein Verein nach ihm: TTC Zarko Dolinar Stuttgart.

In der Ortschaft Heusenheim wird ein Nachwuchsspieler des Tischtennis-Klubs gefesselt in einem Brennnessel-Gebüsch gefunden. Auch ein Einbruch in eine Fabrik beschäftigt die Polizei. Acht Jugendliche machen sich selbst auf die Suche und decken einen Doping-Skandal im Nachwuchs-Tischtennis auf. Und ein Pokalfinale ausgerechnet gegen die Rivalen aus Götzenbach steht auch noch an ...

Der Clou dieses Buches besteht in der Autorschaft. Geschrieben wurde es nämlich von zehn Jugendlichen verschiedener TT-Vereine über einen Zeitraum von drei Jahren. Niemand der Schreiber wusste am Anfang, wie die Sache letztlich ausgehen würde.

→ *E. Schäfer / M. Sauer (Hg.): Tatort Tischtennis, Cont-Verlag*

Bronzemedaille zur EM 1980 in Bern

—• BRASILIANISCHES •—
PING-PONG

Als »Brasilianisches Ping-Pong« wurde ein Werbetrailer der Schuhfirma Nike berühmt. Darin testet Superstar Ronaldinho ein paar neue Treter. Er zieht die Schuhe an, tänzelt mit dem virtuos hochgehaltenen Ball bis zur Strafraumgrenze, um ihn dann vier Mal hintereinander gegen die Querlatte zu schießen und beim Zurückprallen jeweils mit dem Kopf, der Brust oder dem Oberschenkel wieder aufzunehmen. Nach getaner Arbeit geht er lässig zurück zum Angestellten der Firma und entscheidet, dass diese Schuhe in Ordnung seien (siehe Youtube + Brazilian Ping-Pong).

Angeblich, so las man, habe er es tatsächlich ein oder zwei Mal geschafft. Der Rest sei allerdings gefaket.

Dennoch wird im Internet noch immer gestritten, ob dieser Stunt echt sei. Interessant: Manch einer empört sich über die Menschen im Hintergrund, die den Ballzauber einfach ignorieren.

DIE EUROPA-ASIEN-
ALL-STAR-SERIE

Der Kampf der beiden führenden Tischtennis-Kontinente
wird seit 2009 unregelmäßig ausgetragen.

Einige Ergebnisse:

2010 | PEKING Asien – Europa 6:5	2010 | MONS (BELGIEN) Europa – Asien 4:6
2011 | PEKING Asien – Europa 6:4	2011 | MINSK Europa – Asien 3:7
2012 | TIANJIN Asien – Europa 7:3	2012 | VENDÉE Europa – Asien 6:4
2013 | QINGDAO Asien – Europa 7:3	2014 | Zhangjiagang Asien – Europa 6:4
2015 | Zhangjiagang Asien – Europa 4:6	2018 | Nangtong Asien – Europa 7:3

DIE EINWOHNERZAHLEN DER BL-ORTE

Bad Homburg.......... 54.092	Fulda-Maberzell........ 1.741
Bad Königshofen....... 5.995	Grenzau.................. ca. 100
Bergneustadt 18.876	Grünwettersbach 4.078
Bremen.................. 568.006	Mühlhausen............ 33.127
Dortmund............. 587.010	Ochsenhausen.......... 8.854
Düsseldorf............. 617.280	Saarbrücken.......... 180.966

Zum Vergleich:

Fußballbundesligist Hoffenheim
kommt auf
3.266 Seelen.

(Stand: 2022)

DIE ES MIT LINKS MACHEN ...

Ob Timo Boll, Jörg Roßkopf oder Michael Maze, ob John McEnroe, Rafael Nadal oder Martina Navratilova: Sie alle sind bzw. waren Weltklassespieler ihrer Sportart und zugleich Linkshänder. Obwohl der Anteil von Linkshändern in der Gesamtbevölkerung nur bei 10,6 Prozent liegt, sind zwischen 20 und 55 Prozent der Topathleten linkshändig. – Und wie kommt das?

Wissenschaftler verweisen auf die »Antizipationsfähigkeit«, die bei Rechtshändern herabgesetzt ist, sobald ihr Gegner mit Links spielt. Denn weil es diese seltener gibt, sind sie auch schlechter auf sie vorbereitet. Sprich: Sie ahnen schlechter, wo der nächste Schlag hingeht. Außerdem führe diese schwierige Vorhersagbarkeit auch zu psychologischen Nachteilen: Der Linkshänder wird als Angstgegner wahrgenommen.

Weitergehende Hypothesen berühren die Neurophysiologie und besagen: Auch durch Spezialisierungen der rechten Hirnhälfte seien Linkshänder im Vorteil gegenüber ihren rechtshändigen Artgenossen.

LINKS-RECHTS-KOMBINATION

Eine seltsame Beobachtung sei in diesem Zusammenhang aus dem Internetforum click-tt zitiert:
»Habe bei der WM (2011) beobachtet, dass jeder
Chinese, der Tischtennis mit links spielt (Xu Xin, Chen Qi,
Hao Shuai, Guo Yue, Ding Ning, Li Jiao), das Blatt am Ende
des Spiels mit rechts unterschreibt.«

Werbefigur der
Modefirma Bosco

MARATHON-MATCHES:
EBERHARD SCHÖLER GEGEN CHANG SHIH-LIN

Im Viertelfinale der WM 1965 in Ljubljana traf die deutsche Hoffnung **Eberhard Schöler** auf den Chinesen **Chang Shih-Lin**. Es sollte eines der spannendsten Matches der Tischtennisgeschichte werden.

10.000 Zuschauer verfolgten den Schlagabtausch der beiden Abwehrspezialisten. Chang Shih-Lin hatte zuvor noch nie ein Spiel gegen einen Europäer verloren. Aber die ersten beiden Sätze gingen mit 21:15 und 21:14 an den Deutschen. Beim Stand von 6:5 im dritten Durchgang kam es zum Zeitspiel. Diesmal siegte der Chinese 21:16. Im vierten Satz lag Schöler 20:17 vorn und verlor 21:23. Der Entscheidungssatz dann sah Schöler auf der Verliererstraße. Über 5:10, 10:11, 10:15 und 13:17 kam es zur Verlängerung. Schöler ging durch einen spektakulären Rückhand-Schmetterball mit 21:20 in Führung, Chang Shih-Lin glich durch einen Kantenball aus. Weitere Netz- und Kantenbälle beider Spieler sorgten für große Emotionen bei den Zuschauern. Nach fast zwei Stunden Spielzeit gewann Eberhard Schöler dieses Marathon-Match mit 27:25.

»Das ist keine Angelegenheit mehr zwischen Schöler und dem Chinesen, das ist der Kampf Europa – Asien«, beschrieb ein ungarischer Fernsehkommentator die Atmosphäre. Schon eine halbe Stunde nach seinem Sieg musste Schöler zum Halbfinale gegen den Serienweltmeister Zhuang Zedong antreten. Völlig erschöpft verlor er mit 0:3.

Briefmarke zur WM 2003

Recht bekannt ist Eberhard Schölers Silbermedaille von 1969,
und Roßkopf/Fetzners 1989er-Sieg im Doppel sowieso.
Aber auch im weniger mediale
Aufmerksamkeit gerierenden Mixed-Wettbewerb waren
deutsche Teilnehmer einige Male auf dem Podest.
Nicht selten standen dabei deutsche Frauen an der Seite eines
ausländischen Partners,
wie die folgende Auswahl belegt:

1928 .... SILBER .... METZGER/PECSI (UNGARN)
1930 .... BRONZE ....CARNATZ/GLANCZ (UNGARN)
1933 .... BRONZE ....SCHULZ/MADJAROGLOU (GRIECHENLAND)
1939 .... BRONZE ....BUSSMANN/GEROGEOURA (ÄGYPTEN)
1939 .... BRONZE .... PRITZI/HELMY (ÄGYPTEN)
1971 .... BRONZE .... SCHÖLER/SCHÖLER
2017 .... BRONZE .... SOLJA/FANG BO (CHINA)

• ABGESTEMPELT •

Die ersten Marken mit einem Tisch-tennis-Motiv stammen aus dem Jahr 1949 und wurden überraschender-weise in Nicaragua gedruckt. Als 1958 die ersten Europameisterschaften ausgetragen wurden, edierten die gastgebenden Ungarn eine siebenteilige Briefmarkenserie zum Thema Sport. Die Marken zu 20 und 30 Filler trugen Tischtennismotive. Nicht unwichtig für Philatelisten: Die gezähnte Auflage belief sich auf 60.000, die geschnittene auf 20.000 Exemplare.
Nachdem 1976 einige Tischtennis-Sondermarken in der Tschechoslowakei erschienen waren, war 1982 wieder die ungarische Post-Administratur an der Reihe. Das Land war mit Gabor Gergely, Istvan Jonyer und Tibor Klampar 1979 sensationell Mannschaftsweltmeister geworden und von daher besonders tischtennis-verrückt. Die 1982er-Marke hatte einen Wert von 2 Forint und eine gezähnte Auflage von fast 4 Millionen Exemplaren (ungezähnt: 7.600 Ex.). In Deutschland zog man erst 1985 nach, als im Rahmen der Serie »Für den Sport« eine 120+60-Marke erschien. Darauf abgebildet: ein ausgestreckter Tischtennis-Arm.
Als im Jahr 2003 der Wiener Werner Schlager überraschend Weltmeister wurde, machte man sich in Österreich postwendend an die Gestaltung einer Sondermarke. Sie erschien noch im selben Jahr, womit Schlager zum ersten lebenden Sportler wurde, der auf einer österreichischen Marke abgebildet ist.

WILLIAM UND DIE TISCHTENNIS-WELTMEISTERSCHAFTEN IN ALASKA

Von den nicht gerade vielen Büchern, die sich mit dem Thema Tischtennis befassen, ist dieses wohl das ungewöhnlichste: »William und die Tischtennis-Weltmeisterschaften in Alaska« heißt es. Bei knapp 60 Seiten misst es gerade einmal 14,7 x 9 cm. Und wenn man es dann aufschlägt, glaubt man seinen Augen nicht zu trauen. Eine kurze, einseitige Einleitung erklärt den Plot: William Griffith, die Nr. 1 von Costa Rica (ausgerechnet!), steht bei der Tischtennis WM in Alaska (Alaska???) im Endspiel gegen den amtierenden Champion aus Frankreich. Das Match geht in den fünften Satz, dessen Schilderung der Autor ab Seite 2 folgendermaßen beginnt: »Ping-Pong, Ping-Pong, Ping-Pong, Ping-Pong, Ping-Pong, Ping-Pong, Ping-Pong, Ping-Pong, Ping-Pong, Ping-Pong.«

Wer nun glaubt, er reite diesen Gag vielleicht eine Seite, der hat sich getäuscht. Nein, gnadenlose 52 Seiten lang, also ungefähr 6.250 Mal, geht es genauso weiter: »Ping-Pong, Ping-Pong, Ping-Pong, Ping-Pong, Ping-Pong, Ping-Pong, Ping-Pong, Ping-Pong, Ping-Pong, Ping-Pong.«

Die Auflösung füllt dann wiederum nur wenige Zeilen: Der elfjährige William hat nämlich all dies nur geträumt und muss nun zur Schule.

Wie das alles gemeint ist, wird deutlicher, wenn man sich das Impressum ansieht. Das Buch erschien nämlich 1986 im Semmel Verlach, von dem u.a. auch die berühmten Werner-Comics stammen. Über den Autor, Bernhard Bortscheller, ist nichts bekannt, wahrscheinlich handelt es sich um ein Pseudonym. Den Umschlaggestalter hingegen kennt man: Der Comiczeichner Bernd Pfarr stammt aus dem Umfeld der Satire-Zeitschrift »Titanic« und arbeitete für viele große Zeitungen und Zeitschriften.

→ *Bernhard Bortscheller, William..., Semmel-Verlach*

Butterfly-Schlüsselanhänger, um 2000

Noch immer gibt es Menschen, für die Tischtennis kein
richtiger Sport ist. –
Ignoranten sind das, selbstverständlich!
Muskelkater, Schweißbäche und Auszehrungen sind beim
Tischtennis an der Tagesordnung.
Dass allerdings Agnes Simon bei der Europameisterschaft
in Berlin anno 1962 an Wadenkrämpfen litt, lag nicht an der sportlichen
Belastung. Sondern: »Mücke«, wie sie genannt wurde, war auf zu hohen
Absätzen zum Einkaufsbummel über den Ku'damm marschiert.

Und übrigens:
Europameisterin wurde sie dennoch.

● DIE GEHEIMSPRACHE DER ●
NOPPEN-FREAKS

Auch die verschworene Gemeinde der Noppen-Außen-Spieler hat ihren
eigenen Code. Hier die gebräuchlichsten Abkürzungen, entnommen der
Insider-Plattform *www.noppen-test.de*:

ANTI .... Noppen-Innen-Belag mit wenig Griffigkeit

AR .... Aspect Ratio (*Verhältnis von Noppenlänge zu Noppendurchmesser*)

DS .... Druckschupf

FKE .... Frischklebeeffekt (*veraltet!*)

GLANTI .... Antibelag mit sehr geringem Reibungskoeffizienten

GLN .... Glatte langen Noppen (*Reibungskoeffizient < 25 mN/Milli-Newton*)

GRLN .... Griffige lange Noppen (*Reibungskoeffizient mindestens 25 mN*)

KN ....Kurze Noppen (*Aspect Ratio < 0,8*)

LARC................................List of Authorised Racket Coverings (*ITTF*)

LN .... Lange Noppen (*Aspect Ratio 0,9 – 1,1*)

MLN .... Mittellange Noppen (*Aspect Ratio 0,8 – 0,9*)

NI..................................Noppen-Innen-, Backside- oder Sandwichbelag

OS ....Oberschnitt

SS ....Seitschnitt

SU .... Schnittumkehr (*Im Zusammenhang mit GLN führt einfaches*
.... *Hinhalten des Schlägers gegen Topspin zu Unterschnitt*)

SW .... Schnittweiterleitung (*Beibehaltung der Rotationsrichtung des*
.... *Balls bei aktiven Abwehr- bzw. Angriffschlägen mit GRLN*)

TS... Topspin

US ....Unterschnitt

1943 .....Herbert Wunsch, Trude Pritzi
1944 .....Heinz Benthien, Trude Pritzi
1947 .....Dieter Mauritz, Hilde Bussmann
1948 .....Heinz Raack, Hilde Bussmann
1949 .....Dieter Mauritz, Hilde Bussmann
1950 .....Heinz Raack, Hilde Bussmann
1951 .....Walter Than, Hilde Bussmann
1952 .....Heinz Schneider, Ilse Donath
1953 .....Conny Freundorfer, Berti Capellmann
1954 .....Conny Freundorfer, Ursula Paulsen
1955 .....Conny Freundorfer, Hanne Schlaf
1956 ....Conny Freundorfer, Hanne Schlaf
1957 .....Conny Freundorfer, Erna Brell
1958 ....Conny Freundorfer, Uschi Fiedler*
1959 .....Conny Freundorfer, Hanne Schlaf
1960 .....Conny Freundorfer, Inge Müser
1961 .....Conny Freundorfer, Inge Müser
1962 .....Eberhard Schöler, Uschi Matthias*
1963 .....Eberhard Schöler, Rosemarie Gomolla**
1964 .....Eberhard Schöler, Ingrid Kriegelstein
1965 .....Eberhard Schöler, Edit Buchholz***
1966 .....Eberhard Schöler, Rosemarie Seidel**
1967 .....Eberhard Schöler, Agnes Simon
1968 .....Eberhard Schöler, Edit Buchholz***
1969 .....Eberhard Schöler, Agnes Simon
1970 .....Wilfried Lieck, Diane Schöler
1971 .....Eberhard Schöler, Marta Hejma
1972 .....Wilfried Lieck, Diane Schöler
1973 .....Wilfried Lieck, Wiebke Hendriksen
1974 .....Jochen Leiß, Wiebke Hendriksen
1975 .....Wilfried Lieck, Edit Wetzel***
1976 .....Wilfried Lieck, Agnes Simon
1977 .....Peter Stellwag, Ursula Hirschmüller****
1978 .....Engelbert Hüging, Wiebke Hendriksen
1979 .....Peter Stellwag, Ursula Hirschmüller****
1980 .....Peter Stellwag, Ursula Kamizuru****
1981 .....Peter Stellwag, Ursula Kamizuru****
1982 .....Georg Böhm, Ursula Kamizuru****
1983 .....Georg Böhm, Susanne Wenzel
1984 .....Peter Engel, Susanne Wenzel
1985 .....Georg Böhm, Susanne Wenzel

1986 .....Georg Böhm, Olga Nemes
1987 .....Georg Böhm, Nicole Struse
1988 .....Jörg Roßkopf, Olga Nemes
1989 .....Jörg Roßkopf, Nicole Struse
1990 .....Jörg Roßkopf, Nicole Struse
1991 .....Jörg Roßkopf, Nicole Struse
1992 .....Jörg Roßkopf, Christiane Praedel
1993 .....Jörg Roßkopf, Jie Schöpp
1994 .....Vladislav Broda, Jie Schöpp
1995 .....Georg Böhm, Olga Nemes
1996 .....Jörg Roßkopf, Nicole Struse
1997 .....Jörg Roßkopf, Jing Tian-Zörner
1998 .....Timo Boll, Jing Tian-Zörner
1999 .....Torben Wosik, Olga Nemes
2000 .....Zoltan Fejer-Konnerth, Qianhong Gotsch
2001 .....Timo Boll, Christina Fischer
2002 .....Timo Boll, Nicole Struse
2003 .....Timo Boll, Olga Nemes
2004 .....Timo Boll, Nicole Struse
2005 .....Timo Boll, Nicole Struse
2006 .....Timo Boll, Zhenqi Barthel
2007 .....Timo Boll, Nicole Struse
2008 .....Torben Wosik, Tanja Hain-Hofmann
2009 .....Timo Boll, Elke Schall
2010 .....Christian Süß, Kristin Lang*****
2011 .....Bastian Steger, Zhenqi Barthel
2012 .....Bastian Steger, Wu Jiaduo
2013 .....Stefan Mengel, Shan Xiaona
2014 .....Dimitrij Ovtcharov, Shan Xiaona
2015 .....Timo Boll, Petrissa Solja
2016 .....Patrick Baum, Kristin Lang
2017 .....Timo Boll, Kristin Lang
2018 .....Timo Boll, Han Ying
2019 .....Timo Boll, Nina Mittelham
2020 .....Ricardo Walther, Nina Mittelham
2021 .....Benedikt Duda, Nina Mittelham
2022 .....Dang Qiu, Sabine Winter
2023 .....Dang Qiu, Sabine Winter

Ab 1949 sind hier nur noch die BRD-Titelträger aufgeführt.
Die DDR trug ab jenem Jahr ihre eigenen nationalen Meisterschaften aus.

Spielerinnen, die unter zwei Namen Deutsche Meisterinnen wurden: * Fiedler = Matthias,
** Gomolla = Seidel, *** Buchholz = Wetzel, **** Hirschmüller = Kamizuru, ***** Silbereisen = Lang

Das Geburtsjahr von
HIKOSUKE TAMASU
ist nicht genau bekannt, man vermutet, es war 1921.
Was die Tischtenniswelt jedoch exakt weiß: Ebenjener Mann gründete
am 19. Dezember 1950 in der japanischen Kleinstadt Yanai City eine Firma
für Tischtennis-Zubehör. Sämtliche Artikel vertrieb er unter dem Namen
Butterfly. Tamasu war ehemaliger Nationalspieler und kannte von daher das
Terrain. Schon 1967 war jener Dauerbrenner auf den Markt gekommen, der
noch heute millionenfach verkauft wird: der Sriver. Eine weitere Innovation,
die »Springe Sponge«-Technik, führte zur Entwicklung des Tenergy. Dieser
imitiert erfolgreich die Eigenschaften des inzwischen verbotenen Frischkle-
bens. Mit Belägen von Butterfly wurden mehrere Dutzend WM-Titel gewonnen. Auch Timo Boll stand schon früh bei der Firma unter Vertrag, die
1973 ihren europäischen Standort in Moers eröffnete. Hikosuke Tamasu,
der 2004 verstarb, hatte den Namen Butterfly übrigens mit Bedacht
gewählt. Der Schmetterling stand für ihn, den traumatisierten
Kriegsveteranen, für Frieden, Frühling und Freude.

• TISCHTENNISBALLSPUCKJONGLAGE •

Der Spanier
FRANCISCO TEBAR HONRUBIA
ist Weltmeister in einer Disziplin, die man vielleicht
Tischtennisballspuckjonglage nennen könnte.

In einer japanischen Fernsehsendung gelang es ihm 2011,
vier Tischtennisbälle nacheinander insgesamt 33 Mal in
die Luft zu spucken und mit dem Mund wieder aufzufangen.
Mit drei Bällen war er dementsprechend noch besser:
Da flogen die Kugeln 76 Mal durch die Luft.

Auch **ASHRITA FURMANN**,
der Weltmeister im Eier-Tischtennis (s. S. 43), machte sich
einen Namen als Tischtennisballspucker.
2010 gelang es ihm, eine Zelluloidkugel 12,83 Meter weit zu speien.
Der Rekord ist bis heute unübertroffen.

PROMINENTE HOBBY-SPIELER: PRINZ HARRY UND DIE KINGS OF LEON

Als die Rockband aus Nashville im März 2011 in Londons O2-Arena gastierte, tauchte plötzlich PRINZ HARRY VON ENGLAND auf. Einen Monat vor seiner Hochzeit war ihm wohl nach einem toughen Tischtennis-Match zumute, denn er schnappte sich sofort einen der herumliegenden Schläger der Band. Im anschließenden Backstage-Game stand er Drummer Nathan Followill gegenüber. Der erzählte später, dass es ein »echt harter Fight« gewesen sei, den er aber schließlich für sich entscheiden konnte.

»Die anderen Jungs dachten, ich würde ihn gewinnen lassen, weil er ein Prinz ist. Aber hey, schließlich bin ich ja wohl ein King, oder nicht?«

Plakette der DDR-Organisation Freie Deutsche Jugend

NUR REINA-BÄLLE

In den frühen 1930er Jahren etablierten sich europaweit die ersten Tischtennis-Zeitschriften. Weil solche Publikationen schon damals vom Anzeigengeschäft lebten, zeigten sich auf diesem Gebiet auch früh die ersten negativen Auswüchse. Vor der WM 1933 in Paris etwa ließ der französische Ballhersteller Reina im Verbandsorgan eine Anzeige drucken, die behauptete, bei der kommenden WM habe die ITTF ausschließlich Reina-Bälle zugelassen. Eine dreiste Lüge, die den Franzosen einigen Ärger einbrachte.

Bekanntlich gibt es nichts, was es nicht gibt. Also gibt es im Umkehrschluss auch Ping-Pong-Plopper. – Was das ist, erklärt die Website *www.ploppen.info*: »Der Ping-Pong-Ball wird in die geballte, leicht geöffnete Faust zwischen Daumen und Zeigefinger eingespannt. Mit der anderen Hand »klatscht« man gegen die Faust. Es kommt zu einer Komprimierung der eingeschlossenen Luft (hoffentlich), und das Bällchen schießt los. Das dabei entstehende charakteristische »Plopp«-Geräusch gibt der Spiel-Sportart ihren Namen. Ziel des Spiels kann es sein, so hoch oder so weit wie möglich oder auch auf ein bestimmtes Ziel zu schießen. Der Phantasie der Sportler sind keine Grenzen gesetzt. Die besten Athleten schaffen dabei Höhen von über 10 Metern und Geschwindigkeiten von über 100 km/h.«

Und zwei Rekorde sind auch zu vermelden: Beim Ping-Pong-Plopper Peking 2008 stellte Plopperman Christian Pöllath in der Kategorie PiPo 40mm, Weitploppen, outdoor, am 16.8.2008 mit 14,40 m einen neuen Rekord auf.

Und wer obendrein noch wissen möchte, wo der Weltrekord im beidhändigen Ping-Pong-Ball-Hochwurf steht, wird dort ebenfalls informiert: bei 6,99 m, aufgestellt ebenfalls von Pöllath im Dezember 2010.

● WUSSTEN SIE SCHON, … ●

… dass bei Tischtennisspielen drei Netzbälle der Durchschnitt sind? Schon bei der ersten WM 1926 mokierten sich einige Journalisten über solche Nassen. So stand etwa in der Londoner »Times«, dass »es viel zu viele Netzschnurschläge in dem Spiel gibt, welche völlig siegbringende Schläge sind«.

● MIT 100 JAHREN NOCH AM TISCH

DOROTHY DE LOW
wurde 1910 in England geboren und gelangte im Alter von zwei Jahren nach Australien. Als sie 50 war, wollte sie offenbar noch einmal etwas ganz Neues anfangen. Und auf die Frage: Was?, gab sie sich die Antwort: Tischtennis. Seitdem bricht sie einen Altersrekord nach dem nächsten.
Unter anderem gewann Dorothy 1992 die Ü80-Senioren-Weltmeisterschaft. 2010, als sie 100 wurde, gelang ihr im Doppel noch einmal der Einzug ins Finale der Ü85-Klasse. Zwischendurch schrieb sie sich im Jahr 2000 als älteste freiwillige Olympiahelferin der Sydney-Spiele ins Guinnessbuch der Rekorde ein. So viel Humor ihr auch nachgesagt wurde, am Tisch agierte sie stets gnadenlos. Besonders gefürchtet war die »Killer-Vorhand« der 2014 gestorbenen Dorothy.

Tischtennis wurde in China erfunden.

••••••••••••••••••••••••••

Tischtennis ist Tennis für Arme.

••••••••••••••••••••••••••

Tischtennis ist total easy und überhaupt nicht anstrengend.

••••••••••••••••••••••••••

Tischtennis ist das Gleiche wie Ping-Pong.

••••••••••••••••••••••••••

Tischtennisspieler riechen immer nach Gummi,
Schlägerspray und Umkleidekabine.

••••••••••••••••••••••••••

Als Tischtennisspieler kriegt man nie eine Freundin.

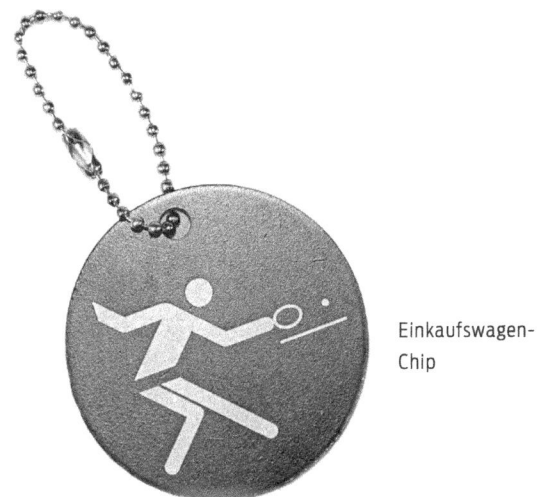

Einkaufswagen-
Chip

ZUM GUTEN SCHLUSS:
EIN ZUNGENBRECHER

Wenn beim Bangkoker Ping-Pong-Pokal
die Bangkoker auf ihrer Bank hocken
und bange gucken,
wie die Pekinger Ping-Pong-Profis
die Bangkoker von der Platte pauken,
dann kochen die Bangkoker.

• REGISTER •

Z

BERND IMGRUND

geboren 1964, arbeitet als Autor und Journalist. Er veröffentlichte u. a. das Buch »Faul. Vom Nutzen des Nichtstuns« (Hirzel) sowie die »Kleine Geschichte der Kneipe« (Riva). Im Emons Verlag erschien u. a. das Buch »111 Whiskys, die man getrunken haben muss«.

Bernd Imgrund spielt seit seinem 9. Lebensjahr Tischtennis und brachte es bis in die Oberliga. Er lebt in Köln, wo er auch geboren wurde.

Danksagung

Für Tischtennis- und Verlagstechnik bedanke ich mich bei Bernd Imgrund sen., Bernd Berg, Bernd Rielinger, Bernd Beyer und Bernd Weidmann. Außerdem bei den TT-Sammlern Ralf Düren und Frank Jäger sowie bei Barbara und Jacob Thoben für die Fotos und die hübsche Gestaltung.

Abbildungsnachweis

Die allermeisten der hier abgedruckten Objekte stammen aus der Sammlung von Ralf Düren, einige auch aus der von Frank Jäger.

Die Fotos machte Barbara Thoben, außer:

S. 16: © Grum_l – Fotolia.com; S. 46 oben: © Stephi - Fotolia.com;

S. 96: © gemenacom – Fotolia.com; S. 40, 91, 109, 160, 165, 181:

© GIGIBGM - Fotolia.com; S. 128: Walking Chair Design Studio GmbH;

S. 172: Stanislaw Schmidt (www.tischtennisbaelle.org)